GÉNÉALOGIE

DES BRANCHES NORMANDES ET PERCHERONNES

DE LA

MAISON DU BUAT

SEIGNEURS, BARONS, COMTES ET MARQUIS DU BUAT

Dressée sur documents authentiques

Par Henri LE COURT

*Membre de la Société historique de Lisieux et de la Société
d'archéologie d'Avranches et de Mortain*

LISIEUX
IMPRIMERIE E. LEREBOUR
MDCCCLXXXV

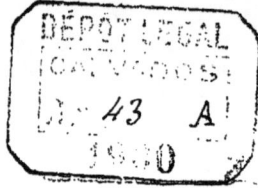

GÉNÉALOGIE

DES BRANCHES NORMANDES ET PERCHERONNES

DE LA

MAISON DU BUAT

Tiré à 131 exemplaires

1 sur papier Whatman, 10 sur papier couleur et 120 sur papier coquille

N° 96

GÉNÉALOGIE

DES BRANCHES NORMANDES ET PERCHERONNES

DE LA

MAISON DU BUAT

SEIGNEURS, BARONS, COMTES ET MARQUIS DU BUAT

Dressée sur documents authentiques

Par Henri LE COURT

*Membre de la Société historique de Lisieux et de la Société
d'archéologie d'Avranches et de Mortain*

LISIEUX
IMPRIMERIE E. LEREBOUR
MDCCCLXXXV

A M. BARRÉ DE SAINT-VENANT

MEMBRE DE L'INSTITUT

Auteur des Notices sur les frères du Buat

Hommage respectueux

———————◆———————

A LA MÉMOIRE DE MON ONCLE

M. ARMAND DU BUAT

Souvenir affectueux

GÉNÉALOGIE

DES BRANCHES NORMANDES ET PERCHERONNES

DE LA

MAISON DU BUAT

——:o:——

INTRODUCTION

A peu de distance de l'abbaye de la Trappe, sur le territoire de la paroisse de Lignerolles, au sommet d'une des plus hautes collines de cette contrée du Perche, si accidentée, aux vallons si pittoresques, s'élevait encore, à la fin du siècle dernier, l'antique château du BUAT. (1)

C'est le berceau de la noble, ancienne et puissante maison de ce nom, qui a produit des branches nombreuses, répandues en Normandie, en Bretagne, au Perche-Gouet et jusqu'en Lorraine, dont plusieurs existent encore aujourd'hui et permettent d'espérer pour un long avenir, la continuité de cette illustre et forte race.

---

(1) En latin *Buatum*, mot d'origine celtique, qui d'après les notes de Jean II du Buat, dont nous parlerons tout à l'heure, signifierait *lieu élevé*, étymologie qui s'accorderait bien avec la situation de l'ancien château ; il n'en est pas de même de l'autre Buat, en Mortainais, situé dans une vallée (voir mémoire de la généralité de Caen, 1702 m^ss cabinet de M^e Le Court.)

Retracer, à travers les siècles qu'elle a parcourus les diverses phases de l'histoire de cette famille, faire connaître l'origine de ses différentes branches, en indiquer les rejetons les plus illustres, tel est le but que nous nous proposons.

Nous avons voulu, en livrant au public les pages qu'on va lire, ajouter une nouvelle pierre à l'édifice, si riche déjà, de l'histoire des familles normandes, liée à celle même de la province.

Notre seul regret, c'est que ce travail soit si disproportionné pour nos forces, qu'à peine osions-nous l'entreprendre ; nous y avons été encouragé par d'éminents suffrages, entr'autres celui de M. Saint-Venant, membre de l'Institut, qui s'est tant occupé de l'Ingénieur du Buat.

Nous garantissons l'authenticité des sources auxquelles nous avons puisé, des documents que nous reproduisons. Nous avons eu en mains les titres mêmes de la branche ainée de *Mortain* et les précieuses copies et notes généalogiques rassemblées avec tant de patience et de fruit par Jean II du Buat, armateur à Saint-Malo à la fin du xviii° siècle, qui a ainsi sauvé de l'oubli tant de chartes et de titres aujourd'hui perdus.

Les vieilles races ont leurs légendes, surtout en Normandie. On connait celle de la dame d'*Argouges* et tant d'autres. La famille du Buat a aussi la sienne, qui circule d'âge en âge dans le pays de *Mortain* sous le nom de « *Légende du Petit du Buat.* »

Nous ne résistons pas au désir de la citer ici, telle que nous l'a racontée un habitant de cette contrée (1), ce récit ne sera pas déplacé en tête de ces pages consacrées à la famille du Buat.

« Un du Buat, seigneur de la paroisse de ce nom, laissait en mourant une veuve et pour unique héritier, un fils âgé de moins de quatre ans.

(1) M. Charles Guérin, du Mesnil-Thébault à qui nous devons aussi d'avoir eu connaissance de l'Etat civil de cette paroisse par la filiation de la Branche de Fourcé ; qu'il reçoive ici tous nos remerciments.

« Un perfide parent conçut le projet de faire disparaître l'enfant et de s'emparer de son héritage. Un soir que le pauvre orphelin se trouvait seul par hasard derrière un épais massif, deux hommes qui l'épiaient depuis quelques jours, le saisirent et le transportèrent, à marches forcées, jusqu'au fond de la Bretagne. Là, vers minuit, ils le déposèrent près de la porte d'un important château et se retirèrent.

« Le lendemain matin, les hommes d'armes du seigneur breton aperçurent le petit du Buat, qui, de lassitude et malgré la fraîcheur de la nuit, avait fini par s'endormir. On l'entoure, on le réveille, on le questionne, mais la frayeur est le seul sentiment auquel l'enfant soit accessible. A toutes les questions qui lui sont adressées, il répond par des cris d'épouvante. Le châtelain ne fut pas plus heureux, mais la châtelaine qui survint, attirée par le bruit, comprit bientôt qu'il y avait mieux à faire. Elle emporte l'enfant le fait asseoir devant un bon feu et lui présente une nourriture dont il commençait à avoir besoin.

« Peu à peu la figure bouleversée du petit malheureux reprit un peu d'assurance. « Comment t'appelles-tu ? dit alors la châtelaine. » — Buat, répondit-il. — « D'où viens-tu ? » — Buat, répondit-il encore. — « D'où es-tu ? » — Buat fut toujours la réponse qui resta une énigme pour toutes les personnes présentes.

« Sans plus d'examen, le seigneur ordonna que l'enfant serait élevé chez lui pour y servir plus tard comme domestique.

« Pendant ce temps-là, la veuve du seigneur du Buat faisait mettre en réquisition tous les hommes dont elle pouvait disposer.

« Les longues douves (1) de son manoir furent mises à sec. De fidèles émissaires parcoururent la contrée dans toutes les directions, toutes choses qui n'eurent pour résultat que d'attirer l'attention

(1) Près du château, ou comme on dit dans le Mortainais, du Logis du Buat existe encore une douve de plus de 300 mètres de longueur.

sur la conduite un peu équivoque en cette circonstance du ravisseur de l'orphelin.

« Douze à treize ans se passèrent. L'unique héritier des du Buat, devenu un robuste et intelligent adolescent, sous le nom de Buat, remplissait le rôle de valet du seigneur breton, dans lequel il voyait avant tout un bienfaiteur, car bien des fois son histoire lui avait été racontée, mais c'est à peine, comme on le pense bien, s'il avait conservé quelques vagues souvenirs de son arrivée au château et jamais la pensée qu'il pouvait être le fils d'un gentilhomme ne lui était venue à l'esprit.

« Or, un soir, un étameur ambulant qui connaissait parfaitement toute la basse Normandie, vint demander l'hospitalité au château.

« Le nom de Buat, plusieurs fois prononcé devant lui, éveilla son attention. Il demanda des explications et l'histoire de Buat lui fut racontée par un vieux serviteur du château. Pendant ce récit, l'émotion de l'honnête étameur était visible : « C'est lui, c'est bien lui, répétait-il » ; et il insista pour parler immédiatement au châtelain.

« Introduit, suivi de Buat, dans la salle des chevaliers où le châtelain se tenait alors au milieu d'un nombreux entourage de parents et d'amis, l'étameur avec l'assurance qui donne à l'homme de la plus modeste condition, la certitude d'avoir une importante et bonne nouvelle à apprendre, parla en ces termes : « Puissant seigneur, Buat votre valet ici présent, est comme vous de noble et antique origine. Le jour où vous lui avez donné asile il vous a dit vrai ; il s'appelle du Buat, il venait du Buat, il est né au Buat. C'est l'unique héritier du seigneur de cette paroisse. Dieu soit loué ! Le ravisseur de l'orphelin aura sa récompense ! »

« C'est ce qui eut lieu.

« Bientôt des rapports d'amitié s'établirent entre le château breton et le manoir du Buat, et quelques années plus tard, le jeune seigneur du Buat épousait une des filles du châtelain chez lequel il avait passé son enfance comme domestique. »

CHAPITRE PREMIER

ORIGINES

Les seigneurs du Buat ne figurent pas sur la liste des gentilshommes normands qui accompagnèrent Guillaume le Bâtard à la conquête de l'Angleterre, quoique Jean II dans ses notes, cite mais sans preuves, un Robert du Buat déjà illustre en ce temps.

C'est seulement en l'an 1189, dans une charte datée de Mauves, confirmée en juin 1196 par le roi Philippe-Auguste (1) que nous voyons apparaître pour la première fois ce nom célèbre.

---

(1) Cette charte latine est rapportée en entier par L. Dubois, histoire de la Trappe, p. 294.

Nous trouvons là Payen du Buat et Hugues son fils (1), Gervais du Buat et Hugues son fils et les filles de Gervais, faisant des donations à l'abbaye de la Trappe, fondée en 1140 par Rotrou II, comte du Perche.

L'importance de ces dons, consistant principalement en terres, le nombre des personnes qui les font, déjà divisées en deux branches, permettent de penser que la famille était alors déjà ancienne dans le pays et que c'est seulement faute de documents antérieurs connus que les noms des ancêtres de Payen et de Gervais ne nous sont pas parvenus.

Quoiqu'il en soit, nous retrouvons Payen et Hugues du Buat faisant à des marchands de Gênes un emprunt pour prendre part à la seconde croisade en 1190 et leur blason figure au plafond d'une des salles des Croisades à Versailles (2).

Depuis cette époque, il est facile de suivre, d'une façon non interrompue, la filiation de la branche de Payen et de Hugues Ier.

Disons dès maintenant que ce dernier eut quatre fils :

Nicolas Ier du Buat, Robert Ier, Guillaume Ier et Hugues II.

Nous les voyons figurer à une charte de l'abbaye de la Trappe l'an 1215.

De ces quatre fils les trois premiers ont fait branche, la postérité d'Hugues II ne nous est pas connue.

Il en est de même de celle de Hugues du Buat fils de Gervais ; on retrouve bien çà et là quelques-uns de ses descendants, mais sans pouvoir les relier entr'eux d'une manière suivie.

---

(1) M. de Saint-Venant dit qu'ils étaient frères et leur donne pour auteur, autre Gervais ; la charte dit positivement qu'ils étaient père et fils : ils y sont nommés de Buato, d'où improprement de Buat.

(2) Ainsi blasonné : d'azur à l'escarboucle d'argent de 8 rais, pommetée et fleurdelysée V. Borel d'Hanterive, annuaire de la noblesse 1844, p. 381. L'acte est de 1191, au mois de septembre, les deux du Buat alors en Terre-Sainte y étaient représentés par Guillaume de Prunelé.

Soit que cotte branche eut quitté le Perche, soit qu'elle eut une situation de fortune inférieure, soit enfin, ce qui est beaucoup plus probable, qu'elle se fut rapidement éteinte, ses membres ne figurent pas dans le chartrier de la Trappe et sont ainsi tombés dans l'oubli.

Il résulte de ce qui précède que la branche de Hugues Ier fils de Payen est la mieux, on pourrait dire, la seule connue.

En voici le motif :

De l'an 1215 à l'an 1466, nous possédons les extraits de trente-huit chartes latines ou françaises de l'abbaye de la Trappe (1) contenant des donations faites aux religieux par Hugues Ier et ses descendants. Ainsi leur générosité pour le monastère a conservé à l'histoire leur souvenir et leur filiation.

Nous venons de dire qu'Hugues Ier eut, outre Hugues II dont la postérité n'est pas connue, trois autres fils :

1 Nicolas Ier l'ainé de tous, chevalier, seigneur du Buat.

Tige d'une branche dont la suite se perd après 1294.

2 Robert Ier, écuyer.

Tige des branches de Mortain, en Basse-Normandie.

3 Et Guillaume Ier, écuyer.

Tige des branches du Perche, du Pays-d'Auge, de la Menarderie (depuis établie en Bretagne), de la Subrardière et peut-être de la branche Lorraine.

Nous donnerons, dans les chapitres suivants, la filiation de ces diverses branches.

---

(1) Ces extraits concernant la famille du Buat furent faits sur les originaux par Jean II à la fin du xviiie siècle ; ils figurent dans son manuscrit tome Ier ; nous en avons copie dans nos archives privées.

CHAPITRE SECOND

ARMOIRIES

On sait que l'usage des armoiries, ou du moins leur transmission régulière, ne datent que de la fin du xiiᵉ siècle.

Il n'est donc pas étonnant que les diverses branches de la famille du Buat aient porté des armes différentes.

A une charte de Colin du Buat, conservée avant 1789, à l'abbaye de la Trappe, pendait un sceau sur lequel était figurée, comme pièce unique, une molette d'éperon.

On sait qu'à cette époque reculée, les couleurs de l'écu n'étaient jamais représentées par des lignes comme l'usage s'en répandit vers le commencement du xviiᵉ siècle, mais il est probable que cette molette s'étalait sur un fond d'azur et que ces armes pouvaient se blasonner ainsi : d'azur à la molette d'or.

Jean II du Buat, qui avait eu cette charte sous les yeux, ne nous dit pas quel était le nombre des pointes de la molette.

Voilà, sans nul doute, le blason primitif de la famille du Buat, car Colin ou Nicolas appartenait à la branche aînée qui avait certainement retenu les armes pleines.

Nous voyons ensuite, sans doute en mémoire d'un fait d'armes dont la renommée n'est pas parvenue jusqu'à nous, cette molette devenir une escarboucle (1) de huit rais d'or ornés de pommes au centre et de fleurs de lys aux pointes.

Ce sont les armes peintes à la salle des Croisades, sauf la couleur de l'Escarboucle, qui est indiquée d'argent :

---

(1) L'escarboucle est une pièce rare en blason : nous n'en connaissons qu'un exemple avec celle de la famille du Buat : elle figure dans les armes des anciens ducs de Clèves, mais sur un fond de gueules : elle est quelquefois, mais improprement appelée *rai* d'Escarboucle ; mais les rais sont les bâtons et non la figure elle-même qu'ils contribuent à former.
La famille de Giry a porté aussi une Escarboucle de 8 rais d'argent sur fond d'azur (voir encyclopédie Planches.)

D'azur à l'escarboucle de huit rais pommetés et fleurdelysés d'or. (1)

Ces armes ont toujours été portées par les descendants de Guillaume I⁸ᵉ, moins celle de la Subrardière, dont l'auteur, marié à Colette de Saint-Aignan (qui portait d'hermines à cinq quintefeuilles de gueules) a pris, par transmutation d'Emaux, les armes suivantes :

D'azur à trois quintefeuilles d'or, 2 et 1.

Qui sont encore portées maintenant par M. le comte Charles du Buat, dernier représentant de cette branche.

Sans doute par suite d'une erreur résultant de la transposition d'un cachet, la branche de Réville, aînée des branches du Perche, a été maintenue en 1667 avec des barres au lieu de bandes aux 1ᵉʳ et 4ᵉ quartiers et l'escarboucle aux 2ᵉ et 3ᵉ. (2)

Mais les branches de Mortain issues de Robert Iᵉʳ portent des armes absolument différentes :

D'argent à la bande denchée de gueules accompagnée d'une orle de six merlettes de même.

Probablement pour une cause analogue à celle qui a fait transposer les armes de les armes de la branche de Réville, le cachet de M. du Buat des Cours, un des derniers représentants de ces branches, porte une barre au lieu de bande : mais la maintenue de 1667 indique bien la bande.

Quant à la branche Lorraine, elle a porté des armes qui n'ont aucun point de rapport avec aucune de celles dont nous venons de parler:

D'or au vol en pal de sable.

Lors de la maintenue de 1667 deux autres branches du Buat produisirent leurs preuves :

<hr>

(1) L'Escarboucle représentée à la salle des Croisades est composée entièrement de pommes allant en diminuant. Depuis la forme qui a prévalu est celle de huit bâtons droits mais avec une pomme au centre de chacun d'eux et terminés par une fleur de lys.

(2) Pareille erreur a été faite par le graveur de notre écusson du titre qui a également indiqué de sable les merlettes de gueules des branches de Mortain.

L'une habitant le fief de Prethon, élection de Vire portait :
D'argent à 3 fasces de gueules. (1)

Et l'autre, celle des Buats, élection de Falaise, portait :

De sable à une moucheture d'argent surmontée d'un croissant d'or montant ; au chef de même chargé d'une quintefeuille
entre deux mouchetures, le tout du champ.

Nous verrons plus loin qu'une branche cadette des Buats a
porté le chef denché et certains de ses membres les armes pleines
à l'escarboucle.

Malgré nos recherches, nous n'avons pu, jusqu'à présent, nous
procurer la filiation suivie de ces deux branches.

L'analogie des émaux du blason de celle de Prethon, nous
fait croire qu'elle descendait des branches de Mortain.

Quant à celle des Buats, nous inclinons à penser qu'elle était
issue de Nicolas Ier fils aîné d'Hugues Ier du Buat, dont nous perdons
la filiation depuis 1294.

En effet, Jean II nous dit dans ces notes qu'en 1780, se voyait
encore sur la porte principale de l'ancien château du Buat à Lignerolles, l'écusson des branches du Perche, mais l'escarboucle
remplacée au quatrième quartier par les armes des Buats telles
qu'elles sont indiquées dans le maintenue de 1667.

Il est donc supposable que ces des Buats possédèrent à un
moment le château du Grand Buat et le fief du petit Buat, paroisse
de Prépotin, voisin du premier, et tirèrent leur nom de cette
double possession.

De plus, un armorial manuscrit de la généralité de Caen,
conservé à la bibliothèque nationale et cité par M. de Saint-
Venant, attribue à un membre de cette branche, Jacques des

___

(1) Cette branche apparaît pour la première fois en 1667 dans la convocation du ban et
arrière ban ; en 1695 et 1696, on trouve dans l'élection de Vire : Georges du Buat, écuyer,
seigneur de Beauvais et son fils et Charles, écuyer, seigneur de Pertout. avec mention que
ce dernier n'avait pas de biens (archives du Calvados).

Buats l'escarboucle sans écartelures,ce qui fait croire qu'il appartenait à la branche aînée ; il est donc vraisemblable que les autres
armes ne furent prises par les des Buats que plus tard et par suite,
soit d'une alliance,soit de la possession d'une terre à laquelle elles
étaient attachées.

Nous mettrons donc, après les descendants de Nicolas Ier qui
nous sont connus d'une manière certaine, les renseignements que
nous possédons sur les des Buats.

Dans les cachets relativement modernes des Branches du
Perche et de Mortain (1) nous voyons les armes du Buat suppor-
tées par deux lions soit contournés soit regardant l'écusson et
timbrées d'une couronne de marquis.

Nous ignorons l'état ancien des accessoires de l'ecu, mais
nous pensons que la famille n'a jamais eu ni devise, ni cri de
guerre, car rien de semblable n'est parvenu jusqu'à nous, et il
est certain que Jean II, si soucieux de l'éclat de sa maison et si
bien renseigné, puisqu'il se trouvait en rapport avec presque tous
les chefs de branches, n'eut pas manqué de nous en instruire.

CHAPITRE TROISIÈME

TITRES

Dans les chartes nous voyons les premiers seigneur du Buat
porter les titres de Chevalier et d'Ecuyer (*Armiger, miles, scu-
tiger*).

C'est ce dernier qualificatif, apanage de l'ancienne noblesse,
qui a été celui dù plus grand nombre des membres de la famille.

---

(1) Cachets du Chevalier du Buat de Sasseignies (de la Branche de Saint-Denis) et de
M. du Buat des Cours (de la Branche aînée de Mortain).
Les Branches de Tréhéru et de la Menarderie portent une couronne de Comte. Les
lions sont représentés couchés sur l'écusson peint par Jean II en tête de son manuscrit.

Cependant nous trouvons le dernier représentant de la bran-che de Bazoches titré marquis et les quatre derniers aînés de celle de Saint-Denis portant le titre de comte, transmis soit en ligne directe soit en ligne collatérale.

Ce dernier titre a été également porté par le dernier mâle de la branche de la Ménarderie et M. le comte Charles du Buat (dont le père, d'après les notes de Jean II, était titré vicomte) est le chef de celle de la Subrardière.

Quant au titre féodal de baron, il a appartenu à François du Buat et à Nicolas son fils, seigneurs de Bazoches ; le second est titré baron du Buat dans son contrat de mariage, bien qu'alors cette terre fut depuis quarante ans sortie de la famille et qu'il appartint à une branche cadette.

Ce titre parait leur être venu de Lucrèce d'Aubray, femme du premier et mère de Nicolas, qualifiée dame et *baronnesse* de Laigle dans les titres du temps. (1)

A partir de cette époque ce titre n'est plus porté par personne, mais d'après l'usage maintenant admis, il pourrait être relevé par M. Adolphe du Buat, chef actuel de la branche de Tréhéru, devenue, par suite de l'extinction de celle de Bazoches, l'aînée de la descendance de François et de Nicolas comme ayant été porté par ceux-ci ses ascendants directs et masculins.

CHAPITRE QUATRIÈME

TERRES DU NOM DU BUAT

Outre le fief, seigneurie et haute justice du Buat, paroisse de Lignerolles, berceau primitif de la famille et celui moins impor-

(1) Après la mort de Nicolas d'Aubray, 20e baron de Laigle et du Lac cette baronnie resta vers 1587 un instant idivise entre ses sœurs Lucrèce, Catherine et Marie et passa ensuite par partage à cette dernière qui la porta à son mari Sébastien des Acres dans la famille duquel elle est encore aujourd'hui avec le titre de marquis (Veaugeois histoire de Laigle, etc., etc. Etat présent de la noblesse).

tant du Petit Buat, paroisse de Prépotin, voisin du premier, nous trouvons encore bien d'autres terres de ce nom.

C'est d'abord la franche vavassorie et paroisse de Saint-Jean-du Buat (actuellement le Buat), vicomté de Mortain, diocèse d'A-vranches, tenue de temps immémorial par les descendants de Robert Ier du Buat qui l'ont possédée jusqu'en 1801.

Puis nous rencontrons le fief du Buat, paroisse de Gournay-le-Guérin près Laigle et Verneuil dont était seigneur un *Robertus Boatus*, dont Ordéric Vital, nous raconte la fin tragique, fief qui passa ensuite dans la famille Le Cornu qui en porta le nom et le possédait au milieu du xviie siècle, et dans la maison de Montmorency, branche de Laval ; Louis Gabriel du Buat, le diplomate le posséda un instant à partir de 1762. (1)

Jean II dans ses notes, nous apprend qu'il existait en Bretagne plusieurs fiefs du Buat et la présence, pendant quelques années des deux membres de la famille à Ambenay suffit pour donner leur nom à la ferme qu'ils possédaient et ce nom est encore porté par un hameau de cette commune.

Enfin, Montfaut en 1463, assit à la taille un Etienne des Buats, au pays de Mortain et dans les titres de la branche de Mortain nous trouvons Jacques de Lonlai seigneur des Buats au xviie siècle. (2)

Disons dès maintenant que le fief du Grand Buat est sorti de la famille du Buat par la vente qu'en firent à MM. Abot, Jean III, François Ier et Jacques du Buat fils de Guillaume III, par acte d'Hatel tabellion à Mortagne, le 6 avril 1565. (3)

---

(1) Voir P. Anselme et généalogie Le Cornu m^{se} Cabinet de M^e Le Court.

(2) Il descendait d'autre Jacques marié le 5 janvier 1543 à Anne des Buats, veuve de Jean de Juvigny. M. des Diguères dans son ouvrage sur Sévigni, page 381, donne la généalogie de cette famille.

(3) Jean Guyon marié à Jeanne de Vieux Pont vivant en 1400 était seigneur des Buats, fief assis en la paroisse de Saint-Martin d'Aiguillon (voir Sévigni par des Diguères, p. 160).

CHAPITRE CINQUIÈME

GÉNÉALOGIE [1]

PREMIÈRE PARTIE

SOURCE COMMUNE A TOUTES LES BRANCHES

I. ET II.

PAYEN du BUAT et HUGUES Ier son fils, figurent à la charte de la Trappe, datée de Mauves en 1189 et aussi a la seconde croisade.

HUGUES Ier était mort en 1215.

Le nom de sa femme et celui de sa mère ne sont pas connus et ce n'est guère qu'à partir du XIVe siècle que nous trouvons l'indication certaine et suivie des alliances dans les différentes branches.

En effet, à moins que les femmes des seigneurs ne figurent personnellement dans les chartes, elles y sont très rarement nommées, et encore souvent n'y sont-elles désignées que par leur nom de baptême. Le nom de seigneur donateur se trouve seulement avec la mention fils d'un tel, comme « Nicolaus de Buato, filius Hugonis. »

Nous pensons que c'est là la principale cause de l'ignorance où nous sommes du nom des femmes des premiers seigneurs du Buat.

Nous avons déjà dit au chapitre premier qu'Hugues Ier du Buat eut quatre fils :

NICOLAS Ier ;

ROBERT Ier ;

---

(1) A la fin de sa remarquable notice sur P. L. G. comte du Buat (Lille 1866 in-8°), M. de Saint-Venant a donné une généalogie succincte de plusieurs branches de la famille du Buat dressée surtout d'après les notes de Jean II et les renseignements communiqués par la branche de Tréhéru, mais cette généalogie est incomplète, surtout pour les branches de Mortain dont la filiation est fautive et inexacte faute d'avoir pu compulser les titres originaux.

GUILLAUME Ier ;

Et HUGUES II.

Nous allons donner successivement la filiation des descendants :

De NICOLAS Ier, auteur de la branche aînée, paraissant se continuer dans celle des BUATS ;

De ROBERT Ier auteur de celles de MORTAIN ;

Et de GUILLAUME Ier, auteur de celles du PERCHE.

Le quatrième fils, HUGUES II n'a pas laissé de traces connues dans l'histoire ; nous le trouvons seulement dans trois chartes de 1212 et 1227 faisant donation à la Trappe de terres au Grand Buat.

A chaque génération, nous indiquerons le degré dans chaque branche à partir de l'auteur commun Payen du Buat ; il sera donc facile de rapprocher entr'eux tous les membres et la famille et de voir ainsi ceux qui doivent figurer au même rang dans chaque ligne.

Ceux qui n'ont pas fait branche seront rapportés immédiatement après leur auteur, sans alinéa et leur postérité suivra jusqu'au moment de l'extinction, sans indication de branche séparée.

SECONDE PARTIE

I. — BRANCHE AINÉE ISSUE DE NICOLAS Ier

III.

NICOLAS Ier, chevalier, seigneur du Buat est qualifié fils aîné d'Hugues Ier dans la charte de 1215, par laquelle, du consentement de ses trois frères, il fait donation au monastère de la Trappe de terres et d'étangs.

Il vivait encore en 1233, mais était mort en 1256, comme l'indiquent deux autres chartes de la même abbaye.

IV.

NICOLAS II, chevalier, seigneur du Buat, figure à la charte de 1256.

Il était mort en 1258.

Assaline ou *Assine*, sa femme vivait encore à cette date et figure avec le suivant à une charte de la Trappe l'an 1258, dans laquelle il est dit que Nicolas II fils de Nicolas I⁰ʳ était alors décédé.

A une date qui n'est pas indiquée, elle et son fils donnent à la Trappe une terre dans la vallée de Tournol.

V.

NICOLAS III, chevalier, seigneur du Buat figure à la charte de 1258.

Par autre charte de juillet 1283, lui et *Laurence* (1), sa femme firent don à la Trappe du quart du Moulin de Couthier, à charge d'anniversaires pour eux et pour Girard du Buat, fils de Nicolas II et qui était mort alors.

Ce GIRARD eut un fils, Colin ou Nicolas du Buat, écuyer qui vivait en 1294, et demanda, par une charte de cette année, à être inhumé dans l'abbaye de la Trappe.

VI.

ROBERT du BUAT, écuyer, figure avec Nicolas III son père dans une charte de mars 1294, contenant don au religieux de la Trappe, d'une partie de la terre de Champs, à côté de celles du couvent et au-dessous de celles de Colin du Buat, qualifié petit-fils de Nicolas.

---

(1) Elle est nommée Canocerte dans l'extrait de cette charte contenu dans la preuve faite par Guillaume III.

VII.

COLIN ou NICOLAS IV du BUAT, n'est connu que par la charte qui précède où il est qualifié petit-fils de NICOLAS III et par conséquent fils de ROBERT.

II. — BRANCHE DES BUATS [1]

C'est à partir de COLIN que nous perdons la trace de la filiation de la branche ainée du Buat.

Mais comme nous l'avons dit plus haut, il est très probable que ce COLIN ou NICOLAS IV laissa une postérité qui posséda plus tard le Grand et le Petit Buat et prit le nom de des BUATS.

Nous n'avons pas la filiation suivie de cette branche.

C'est Montfaut qui, en sa recherche de 1463, en fait la première mention, en maintenant comme nobles, dans l'élection de Falaise, JEAN des BUATS et ANTOINE son fils.

Certains exemplaires les indiquent même comme anoblis, mais cela ne peut infirmer notre opinion cette mention pouvant très bien résulter de ce que cette famille étant par son origine, étrangère de Falaise, Montfaut l'ait crue anoblie par les francs fiefs.

Quoiqu'il en soit cet ANTOINE des Buats avait des frères qui furent maintenus avec lui par arrêt des aides du 27 juillet 1498 sur la paroisse Sainte-Trinité de Falaise qu'ils habitaient. [2]

La Chesnaye des Bois parle de ROBERT des BUATS marié vers 1500 à GUILLEMINE du Fresne d'où vint CATHERINE des Buats mariée le 11 octobre 1535 à Geoffroy-Marie seigneur de Noireville.

Puis nous trouvons par rang de date :

---

(1) Nous indiquons plus loin à chaque personnage de cette branche les sources où nous avons puisé le renseignement le concernant.
(2) Recherche de Montfaut par Labbey de la Roque, notes.

JEANNE des Buats, mariée en 1500 à Marguerin de Grésilles, seigneur d'Ouilly. (1)

RENÉ des Buats, conseiller clerc au Parlement de Rouen en 1533. (2).

JACQUELINE des Buats mariée vers 1520 à Hélie Le Jumel, écuyer, seigneur de Lisores, paroisse de Saint-Arnoult-en-Auge, fille de LÉONARD des Buats et de MARIE Lelièvre. (3)

ADRIEN des Buats, écuyer, seigneur du Noyer, Bezu et le Mesnil-Gondouin et sa femme BARBE de Rosnyvinen nommaient à la cure du Mesnil-Gondouin en 1572. Il était héritier de PHILIPPE des Buats, écuyer, seigneur de Bezions, valet de chambre du Roi et plaidait en 1587 avec Pierre Artur. (4)

NICOLAS des Buats seigneur de Bezions avait produit le 22 octobre 1540 avec le vicomte de Falaise son frère. (5)

ANDRÉ des Buats, marié à MARIE de Lonlay et dont sa fille Marguerite vivait en 1577, épousa JEAN de Droullin. (6)

JACQUES des Buats, déjà cité comme portant les armes pleines du Buat à l'escarboucle.

ANNE des Buats, déjà citée, mariée à Jean de Juvigny, puis à Jacques de Lonlai.

NICOLAS des Buats, chevalier, seigneur du Noyer, capitaine du château de Touques, épousa en 1564, MARGUERITE de Dreux Morainville, issue en ligne masculine du roi Louis-le-Gros. (7)

---

(1) de Magny, nobiliaire de Normandie II, 504.
(2) Armorial du parlement de Rouen, page 29, on lui donne les armes de la branche de Mortain.
(3) Nobiliaire manuscrit des familles de la Vicomté d'Auge qui ont prouvé en 1668 et 1669, (cabinet de M⁰ Le Court,) on lui donne pour armes le chef *Denché* ce qui indiquerait une branche cadette.
(4) Lachesnaye du Bois et archives du Calvados, arrêt du parlement de Rouen 5 août 1587.
(5) Recherche des Elus de Lisieux en 1540. Paroisse Saint-Evroult de Montfort. L'imprimé de M. Labbey de La Roque porte Berjou au lieu de Bezions, mais c'est une erreur que rectifie le manuscrit, contemporain de la recherche, que nous possédons.
(6) Sévigni, page 407 et 380,
(7) P. Anselme I 144.

CATHERINE des Buats, épousa par contrat du 16 mai 1561, Jacques du Merle, écuyer, seigneur de Couvrigny et MARIE des Buats le 20 mars 1579, Laurent Patry, écuyer, seigneur de Banville. (1)

LOUIS des Buats seigneur de la Couture et GUILLAUME, seigneur du Moncel furent maintenus en 1666, comme anciens nobles sur la paroisse de Cossesseville élection d'Argentan. (2)

D'autres membres de la famille furent également maintenus par Chamillart le 3 avril 1667 dans l'élection de Falaise où ils possédaient les fiefs de la Fontaine et de la Sarrazinière.

Les archives du Calvados ne possèdent aucuns renseignements sur cette maintenue, mais JEAN II du Buat dans ses notes prétend que la branche des Buats finit par une héritière qui porta le comté de Brionne dans la maison de Lorraine ; nous n'avons, malgré nos recherches, trouvé aucune trace de cette alliance.

TROISIÈME PARTIE

BRANCHES DE MORTAIN ISSUES DE ROBERT Ier

I. — SEIGNEURS ET PATRONS DU BUAT

III.

ROBERT Ier du Buat, écuyer, deuxième fils de HUGUES Ier figure à la charte de 1215 (p. 10).

Nous le trouvons déjà en 1212 parmi les seigneurs notables du Cotentin, rendant hommage au roi de France Philippe-Auguste nouvellement rentré en possession de la Normandie.

Il est regardé comme le fondateur de la paroisse de Saint-Jean du Buat, aujourd'hui le Buat, diocèse d'Avranches, car,

(1) Généalogie du Merle manuscrite cabinet de Me Le Court et généalogie Patry in-8°.
(2) Sévigni, page 407 et 380.

comme le dit très justement Jean II « Les temps reculés n'offrent pas d'exemples de l'usurpation d'un nom que d'illustres guerriers n'eussent pas permis à d'autres qu'eux de porter dans la même province. »

IV.

RAOUL Ier du Buat, chevalier, rendit également hommage la même année 1212 à Philippe-Auguste,

On le retrouve encore sur un rôle normand en 1226.

Il est cru fils du précédent.

Les notes de Jean II nous apprennent qu'il fut marié à JEANNE.

V.

ROBERT II du Buat, écuyer, indiqué dans une montre de 1282 comme tenant deux parts de fief dans le Cotentin (Robertus du Buat miles habet duas partes feodi). (1)

Auparavant il figure avec GUILLOT du Buat, écuyer son frère, au rôle des seigneurs tenant fiefs du roi Saint-Louis.

VI.

Le nom du fils de ROBERT II n'est pas parvenu jusqu'à nous.

VII.

GUILLOT du Buat, écuyer, petit-fils de ROBERT, nous est indiqué par les notes de JEAN II comme vivant en 1334 et marié à ANTOINETTE du Quesnay.

Ils eurent treize fils dont douze servirent en même temps à l'armée.

---

(1) Ancien rôle normand cité par Saint-Allais.

VIII. (1)

JEAN Ier du Buat l'un d'eux, écuyer, seigneur et patron du Buat, au comté de Mortain vivait l'an 1383.

Il est indiqué dans un acte de cette année, rappelé dans celui du 30 octobre 1459, dont on parlera plus bas et qui forme la pièce la plus ancienne des archives de la branche de Mortain.

1. ROBERT III qui suit.

2. GUILLEMETTE du Buat était mariée en 1383 à Jean du Mesnil-Guillaume, écuyer.

3. JEANNE du Buat, mariée à N... de Vauborel, écuyer.

IX.

ROBERT III, écuyer, seigneur et patron du Buat.

Marié en 1432 à Marie de Bailleul.

1. ROBERT IV qui suit ;

2. JEAN prêtre, curé du Buat.

3. JEANNE du Buat, mariée à Philippe de Vauborel, écuyer.

X.

ROBERT IV du Buat, écuyer, seigneur et patron du Buat seigneur de Bailleul, indiqué petit-fils et Jean dans l'acte du 30 octobre 1459, portant reconnaissance de la dot de Guillemette du Buat sa grand'tante.

Il fut maintenu par Montfaut (2) en 1463 et était mort en 1507.

Il avait épousé MARGUERITE du Homme.

1. ROBERT V, écuyer, seigneur et patron du Buat, présenta à la cure en 1501, après le décès de Jean son oncle et fit une tran-

---

(1) A partir de ce degré, la généalogie est tirée des titres de la branche aînée de Mortain.
(2) Un manuscrit de cette recherche, collationné sur l'original en 1724 pour M. Pouchin conseiller aux aides de Rouen indique par erreur du Buart (cabinet M^e Le Court).

saction avec Guillaume de Vauborel devant les notaires de Mortain 27 avril 1474.

Il mourut sans postérité.

2 GUYON du Buat qui suit.

XI.

GUYON du Buat, écuyer, seigneur de Bailleul était mort en 1507.

Il épousa par contrat sous signatures privées du 9 avril 1485, reconnu devant les notaires de Mortain le 4 novembre suivant,

JEANNE de Brecey, qualifiée dame de Montaillis dans sentence des pleds de Mortain 13 juillet 1619.

1. GILLES ou GILLON du Buat qui suit.

2 et 3. MARTIN et JEAN du Buat, écuyers qui partagèrent avec leurs frères, par acte devant les tabellions de Mortain, le 15 septembre 1515, la succession de Robert V.

4. MICHEL du Buat, écuyer, seigneur de Francières, nommé garde-noble de JEAN II son neveu par sentence des pleds de Mortain 9 avril 1518.

 a JEANNE du Buat, mariée à Jean Hamelin, écuyer.

 b et c MARGUERITE et BARBE du Buat, indiquées dans un acte devant les notaires de Mortain 12 juillet 1629, comme ayant cédé leurs droits à JEANNE, dont le petit-fils RENÉ Hamelin vivait à cette époque.

5. ALAIN du Buat, auteur de la branche de BAILLEUL et de FOURCÉ (rapportée § II).

XII.

GILLES ou GILLON du Buat, écuyer, d'abord seigneur de Bailleul puis seigneur et patron du Buat, après la mort de ROBERT V partagea avec celui-ci devant les notaires de Mortain 16 mars 1507, la succession de ROBERT IV, leur père et aïeul.

Il était mort en 1518.

Le nom de sa femme est inconnu.

XIII.

JEAN II du Buat, écuyer, seigneur et patron du Buat, d'abord placé sous la tutelle de Michel, seigneur de Françières son oncle.

Il épousa, suivant contrat du 7 juillet 1559 BARBE L'Angelier.

Celle-ci était veuve et transigeait devant les notaires de Mortain, le 20 juin 1562 avec le suivant, dont elle est indiquée la mère dans la preuve de noblesse de 1667.

Mais cela est impossible, puisqu'en cette même année 1562, ETIENNE épousait Jeanne du Mesnil et d'ailleurs il n'est pas qu'il fut mineur lors de la transaction.

Quoiqu'il en soit JEAN II fut père de :

1. ETIENNE I⁰ʳ qui suit :

2. JEANNE du Buat mariée suivant contrat devant les notaires de Mortain, le 16 septembre 1579 à Jacques de Pontroger, écuyer, seigneur de la Mare.

XIV.

ETIENNE I⁰ʳ du Buat (1), écuyer, seigneur et patron du Buat, indiqué fils du précédent, sans nom de mère dans son contrat de mariage.

Il fut maintenu dans sa noblesse par de Roissy, le 4 février 1599 et vivait encore en 1613.

Marié à JEANNE du Mesnil, fille de FRANÇOIS, écuyer, suivant contrat de 1562, reconnu devant les notaires de Mortain, le 20 avril 1564.

---

(1) Dans plusieurs actes il est nommé du Buard, cette expression fautive se trouve aussi dans quelques copies de la recherche de Montfaut comme on l'a vu

1. FRANÇOIS du Buat, écuyer, seigneur du Bois, était mort sans enfants avant son père comme l'indique une sentence rendue à Mortain le 3 mai 1617.

Marié à ANNE de Lisle, par contrat du 23 août 1613.

2. ISAAC du Buat qui suit :

3. JEANNE du Buat, mariée suivant contrat reconnu devant les notaires de Mortain 14 août 1589 à OLIVIER (Alias Jean) de Vauborel, écuyer, seigneur des Cours.

Leur fils OLIVIER, écuyer, seigneur des Cours avait épousé suivant contrat du 5 août 1601, Madeleine Marfeuil.

Il mourut sans postérité et ses héritiers paternels vendirent, par contrat devant les notaires de Mortain du 30 octobre 1654, la terre des Cours, paroisse du Buat à ETIENNE II son cousin germain du côté maternel.

XV.

ISAAC du Buat, écuyer, seigneur et patron du Buat, d'abord seigneur de la Vallée, gentilhomme de la Religion prétendue réformée.

Il fut maintenu par Daligre le 18 avril 1635, et était mort avant 1652, comme l'indique une tutelle de ses enfants du 18 mai de cette année.

Il épousa :

1° MARIE Gallon, suivant contrat reconnu devant les notaires de Mortain le 21 novembre 1611, elle était morte lors de la tutelle du 14 février 1624.

1. LOUISE du Buat (l'aînée) mariée suivant contrat devant les notaires de Mortain le 19 avril 1638 à François de la Houssaye, écuyer.

2. FRANÇOISE du Buat, mariée par contrat du 4 novembre 1640 à Olivier de la Gonnivière, écuyer, dont elle était veuve le 22 juin 1644, avec une fille, Madeleine.

2° MARIE Le Trésor, suivant contrat du 3 octobre 1625, elle était tutrice de ses enfants le 12 mars 1646. (1)

3 ETIENNE II qui suit.

4 MARIE du Buat, mariée suivant contrat devant les tabellions de Mortain, contenant arbitration de sa légitime le 11 janvier 1663 à M° Guy Le Gallois, avocat.

5 et ANNE du Buat, mariée suivant contrat du 7 février 1669, à JACQUES Tesson, écuyer.

XVI.

ETIENNE II du Buat, écuyer, seigneur et patron du Buat, seigneur des Cours, (nommé RENÉ dans le contrat de mariage de PIERRE) — gentilhomme de la Religion prétendue réformée, baptisé au temple de Ducey, à 2 ans et 4 mois, le 5 octobre 1636.

Maintenu dans sa noblesse par Chamillart en 1667.

Il fut tué en 1669 par JEAN du Buat, écuyer, seigneur de la Gueronnière son cousin, qui obtint lettres de rémission de ce meurtre, le 28 août 1669.

Marié à MARIE Guichard (1), suivant contrat devant Ridelay 20 août 1652 ; elle lui survécut et fut garde-noble de leurs enfants.

1 PIERRE du Buat qui suit.

2 MARGUERITE-LOUISE du Buat, marié à JOSEPH Le Rogeron, écuyer, seigneur de Mezeráy.

LOUISE-MADELEINE Le Rogeron, leur fille était veuve en 1737 d'ALEXANDRE Richer, écuyer, seigneur de la Roche.

---

(1) Elle était veuve de M° Jean Saint, licencié en lois, seigneur de Guéhébert, qu'elle avait épousée suivant contrat reconnu devant les tabellions de Saint-Lô le 21 avril 1618 ; et fille de Jonathan Le Trésor, écuyer, seigneur de Larthénois et de Marguerite Hue. Jean Saint, son fils, seigneur de Guéhébert, transigea avec Etienne II devant les tabellions de Saint-Lô, le 27 juin 1658.

(1) Elle est nommée Amorie dans le contrat de mariage de Pierre et Maurie dans d'autres actes notamment dans la preuve de 1667.

3. FRANÇOISE du Buat, qui figure avec la précédente, à une arbitration de légitime devant les notaires de Mortain 13 novembre 1690 par laquelle PIERRE leur frère leur céda la terre des Cours. Elle épousa Robert Le Goupil, écuyer, seigneur de Vaudoré.

> Anne Le Goupil, leur fille épousa Pierre de la Barberye, écuyer, son cousin germain, puis René de Romilly, écuyer, seigneur de Bois-Avenel.

4. Et MARIE du Buat, mariée à : 1° suivant contrat 3 septembre 1676 Louis de la Faucherye, écuyer, seigneur de Boisthirel ; 2° Charles-François de la Barberye, écuyer, seigneur d'Avalis, mort avant le 2 juillet 1685.

> Pierre de la Barberye leur fils, fut le premier mari d'Anne Le Goupil.

XVII.

PIERRE du Buat, écuyer, seigneur et patron du Buat, seigneur des Cours jusqu'en 1690, était mort en 1719.

Marié à MARIE-MADELEINE de Vauborel, fille de Charles, écuyer, seigneur de la Chastière et de Charlotte du Bosc, suivant contrat devant les notaires de Mortain les 25 avril 1720 et 14 janvier 1735.

> 1. CHARLES Iᵉʳ qui suit.

> 2. LANFRANC du Buat, écuyer, indiqué par un registre de l'état civil du Mesnil-Thébault.

> 3, 4. 5, 6 et 7. Un autre fils et 4 filles.

XVIII.

CHARLES Iᵉʳ du Buat (1) écuyer, seigneur et patron du Buat, seigneur des Cours est peu connu, parce que les titres qui le con-

---

(1) On n'a pas la date de son contrat de mariage, ni celle du partage entre ses enfants, les titres de là branche aînée étant sortis de la famille à partir de ce degré avec la terre du Buat,

cernent doivent être aux mains de la famille de M. de Clinchamp, représentant la veuve de CHARLES II.

Il était mort en 1766.

Marié à FRANÇOISE du Bosc, (1) fille de Scipion Philippe, écuyer, seigneur du Mesnil-Hainfray. Elle vivait encore en 1770.

1 CHARLES II FRANÇOIS-RENÉ du Buat, écuyer, seigneur et patron du Buat, était mort en 1789.

Marié à LOUISE de Tesson, qui lui survécût et hérita seule de leur fils, en vertu de la loi de succession alors en vigueur ; c'est ainsi que la terre du Buat sortit de cette famille.

RENÉ du Buat, né en 1770 mort en 1801 sans alliance, écuyer, dernier seigneur féodal du Buat, comparut avec sa mère à l'assemblée de la noblesse en 1789.

2 ANNE PHILIPPE du Buat qui suit :

3 LOUIS-MARIE-JACQUES du Buat, écuyer, seigneur des Cours, marié à Jeanne-Françoise Payen de la Fresnaye (suivant contrat du 28 septembre 1768), fille de François, écuyer, seigneur de la Garanderie et de La Fresnaye et de Marie-Renée Taurin de Bretteville.

a FRANÇOIS-JEAN du Buat, écuyer 1769-1860, chevalier de Saint-Louis ainsi que le suivant mort sans postérité de BONNE MONIQUE de Tesson et léguant aux enfants de JOSEPH du Buat son cousin, la terre des Cours.

b RENÉ-FRANÇOIS du Buat, écuyer, mort en 1815.

c et d Deux autres fils morts sans postérité, l'un marié à Londres à ANNE Réal.

e ANGÉLIQUE du Buat, morte sans alliance.

f AIMÉE du Buat, mariée à Ploërmel, où elle vivai en 1806, à M. Médal.

---

(1) Sans doute sa cousine (voir degré précédent).

4 JEAN-FRANÇOIS du Buat, écuyer, seigneur du Fief, mort 6 janvier 1802, marié et père d'un fils et d'une fille restés sans alliance.

5 RENÉE-MARIE-MADELEINE du Buat, née en 1740, mariée à M. de Brossard, puis à M. Sebert et morte en 1812, sans postérité.

6 LOUISE-FRANÇOISE du Buat, figure avec la précédente à une arbitration de légitime du 24 avril 1767 et épousa Pierre André.

7 CATHERINE-HENRIETTE du Buat, morte sans alliance 4 mai 1771.

XIX.

ANNE-PHILIPPE du Buat, écuyer, seigneur de Doujéru, mourut le 25 brumaire an XIII.

Marié à :

1° MARIE-JULIE d'Argennes (1), fille de René, écuyer, seigneur de Montmirel et de Françoise Couraye suivant contrat du 4 juillet 1768.

1 FRANÇOIS-JEAN-RAOUL II du Buat qui suit :

2° SUZANNE-FÉLICITÉ Le Mercier des Alleux suivant contrat à Fougères, du 11 frimaire an IV (4 décembre 1797).

2 NATHALIE-THÉRÈSE-VICTOIRE du Buat.

XX.

FRANÇOIS-JEAN-RAOUL II (2) du Buat, écuyer, aurait été, d'après les notes de Jean II, fusillé par les républicains pendant la guerre des Chouans.

---

(1) Jean II dit que par ce mariage, la maison du Buat s'allia à celle de Neailles.
(2) Il est souvent prénommé dans les actes Jean-François-Raoul.

Il était mort avant son père.

Marié à MADELEINE-JEANNE Hulin, fille de Jacques et de Marie Chancey : elle mourut le 15 février 1842.

XXI.

FRANÇOIS-JEAN-RAOUL III du Buat, écuyer, né en 1795 mort en 1823.

Marié à LOUISE-AGNÈS Ozenne, fille de Louis-Joseph et d'Agnès Houssin, suivant contrat devant les notaires d'Avranches 18 décembre 1817, née en 1800 elle mourut en 1827.

1 JOSÉPHINE-THÉRÈSE-AGNÈS du Buat, née en 1818, mariée à Gustave Le Carpentier.

2 JOSEPH Ier RAOUL-THÉODORE du Buat qui suit.

XXII.

JOSEPH Ier RAOUL-THÉODORE du Buat, écuyer, né à la Chaise-Baudouin (Manche) en 1820, mort à Paris en 1854.

Marié à EUCHARIS-ANATOLINE Le Beurier-Andillou, née 1823, fille de Jean-Antoine et de Pélagie-Marie-Françoise Trousssel de la Douétrie suivant contrat devant Duhamel, notaire à Avranches 12 mai 1842.

1. MARIA du Buat,

2. CAMILLE du Buat,

3. VICTOR Ier CHARLES THÉODORE du Buat, né à Paris, le 15 février 1852, écuyer, seul représentant mâle de cette branche.

II. — SEIGNEURS DE BAILLEUL

PUIS DE LA GUÉRONNIÈRE ET DE FOURCÉ (1)

XII.

ALAIN du Buat, écuyer seigneur de Bailleul, cinquième fils de GUYON et de JEANNE de Brecey (rapportés ci-devant page 16) transigea avec ses frères devant les notaires de Mortain, le 15 décembre 1512.

Marié en 1516 à CATHERINE de Grimouville.

1. GILLES Ier du Buat, qui suit :

2. FRANÇOIS du Buat, écuyer, maintenu le 4 février 1599 habitant alors Bourguenolles, élection d'Avranches.

3. ENGUERRAND du Buat, écuyer, nommé avec son père et JEAN seigneur du Buat son cousin dans un acte devant les notaires de Mortain du 13 décembre 1599.

XIII.

GILLES Ier du Buat, écuyer, était mort lors d'une sentence rendue à Mortain le 31 octobre 1596, dans laquelle il est nommé avec ses frères et ses fils.

Marié en 1540 à JEANNE Abbot.

1. GILLES II qui suit :

2. JEAN du Buat, écuyer demeurant au Buat avec ses deux frères lors de la maintenue de 1599.

3. NOEL du Buat, écuyer, qui d'après JEAN II, serait l'auteur de la branche de BREHOT dont la filiation ne nous est pas connue, mais qui peut-être la même que celle de PRETHON.

---

(1) La généalogie de cette branche est tirée :
jusqu'au xive degré partie des titres de la branche aînée et partie des notes de Jean II; entre le xive et le xvie degré de ces notes seules et depuis le xvie degré des registres de l'Etat civil du Mesnil-Thébault où est situé le fief de Fourcé.

XIV.

GILLES II du Buat écuyer.

Marié à N. PARAINCQ de Bernières.

1. JEAN Ier du Buat qui suit :

2. FRANÇOIS du Buat, écuyer, seigneur de la Gulpi-chère demeurant au Buat, maintenu par Daligre avec son frère le 20 avril 1635.

XV.

JEAN Ier du Buat, écuyer, seigneur de la Guéronnière, vivait encore lors du mariage de FRANÇOIS son fils.

Marié à FRANÇOISE d'Hauteraye.

1. JEAN II du Buat, écuyer, seigneur de la Guéronnière né 1645 et inhumé au Mesnil-Thébault le 24 décembre 1720.

C'est sans doute lui qui tira ETIENNE II (voir page 25).

2. GILLES du Buat, écuyer.

3. FRANÇOIS Ier qui suit :

XVI.

FRANÇOIS Ier du Buat, écuyer, seigneur de Fourcé (alias Fourcée ou Foursée) paroisse du Mesnil-Thébault voisine du Buat, inhumé au Mesnil-Thébaut le 26 octobre 1697.

Marié en cette paroisse 28 janvier 1664 à JEANNE de Taille-fer (fille de LOUIS écuyer et de MARIE de Verdun) inhumée au Mesnil-Thébault 28 février 1710 à 68 ans.

1. JEANNE du Buat baptisée le 29 janvier 1665.

2. JEAN BAPTISTE III du Buat, écuyer, seigneur de Fourcé baptisé le 25 février 1666.

Marié à LOUISE Gaudin.

a RENÉ Ier du Buat, écuyer le 21 novembre 1703, mariée à LOUISE de Taillefer.

b JEAN-BAPTISTE IV du Buat, écuyer, seigneur de Fourcé, marié à LÉONARDE du Chatel.

a* RENÉ II du Buat, écuyer, baptisé 14 mars 1732.

b* JEAN-BAPTISTE V du Buat, écuyer, baptisé 9 février 1742.

3. MAURICE du Buat, écuyer, baptisé 22 décembre 1667.

4. 5. 6. ANONYME du Buat 1668-1676. MATHIEU du Buat né en 1670. FRANÇOIS né et mort 1672.

7. AYMARD du Buat qui suit :

8. FRANÇOIS du Buat, écuyer, baptisé 6 avril 1680, inhumé 7 septembre 1735 au Mesnil-Thébault.

Marié en cette paroisse à :

1° JACQUELINE Picois 26 novembre 1701, fille de Laurent et Julienne Harel et veuve de François Leménager.

a JEAN-BAPTISTE du Buat, écuyer, baptisé 7 janvier 1703.

b FRANÇOIS du Buat, écuyer, baptisé 8 mars 1704.

c JEAN-FRANÇOIS du Buat, écuyer, baptisé 3 septembre 1707.

2° MICHELLE Foursin 28 juin 1710, fille d'Etienne et de Michelle Le Marchand.

d LOUISE du Buat 1711 et 1712.

e MARIE-FRANÇOISE du Buat, baptisée 13 avril 1714.

f TOUSSAINT du Buat, écuyer, baptisé 18 mars 1717.

g JACQUELINE-MARGUERITE du Buat, baptisée 3 mars 1722.

3° MARIE Morin 17 octobre 1737, fille de Louis et de Jacqueline Restaut.

h JACQUELINE-MARGUERITE du Buat, baptisée 12 mai 1738.

i FÉLIX-FRANÇOIS du Buat, écuyer, baptisé 13 mai 1740.

9 et 10. MARIE du Buat, 1683-1684 et FRANÇOISE baptisée 26 avril 1686.

XVII.

AYMARD du Buat, écuyer, seigneur de Fourcé, baptisé au Mesnil-Thébault, le 10 novembre 1675, y a été inhumé le 21 février 1757.

Marié à MARIE-MADELEINE Reine, inhumée aussi en cette paroisse le 19 novembre 1739.

1° JACQUES du Buat, qui suit :

2° Et CHARLOTTE du Buat, qui fut marraine de sa nièce MARIE.

XVIII.

JACQUES du Buat, écuyer, seigneur de Fourcé, né en 1702, inhumé au Mesnil-Thébault, le 6 juillet 1760.

Marié à MARGUERITE de Bailleul.

1. JACQUES-HENRI du Buat, écuyer, seigneur de Fourcé, baptisé 21 mars 1746, mort sans alliance après 1789 (il fut parrain d'un des enfants de JEAN II du Buat) (voir) et y est qualifié oncle.

2. MARIE du Buat, baptisée 23 octobre 1748.

3. MARC du Buat, prêtre vicaire de Combres au Perche, mort après 1801.

4. MARGUERITE-MICHELLE-LOUISE du Buat, baptisée 28 mars 1750, inhumée 22 janvier 1752.

5. Et FRANÇOIS II du Buat qui suit :

XIX.

FRANÇOIS II du Buat, écuyer, dernier seigneur féodal de Fourcé, baptisé au Mesnil-Thébault 10 février 1752, mort en la même commune le 26 mai 1823.

Marié à Isigny-le-Buat à FRANÇOISE Vienne, morte au Mesnil-Thébault le 26 septembre 1854, à 74 ans, fille de François et d'Anne Maurel.

1. AYMARD-FRANÇOIS-JACQUES du Buat, écuyer, né au Mesnil-Thébault 7 septembre 1807, dernier mâle de sa branche, sans alliance.

2. MARIE-LOUISE du Buat, née le 1er décembre 1810, mariée le 5 janvier 1832 à Jean-François Turquetil.

3. MODESTE-FRANÇOISE-VICTOIRE du Buat, née le 22 décembre 1814, mariée le 8 juillet 1833 à François-Jacques Sanson.

4. Et ESTHER-MARIE-CHARLOTTE du Buat, née le 28 avril 1817, mariée 3 juillet 1835 à Victor-Michel Roblin.

QUATRIÈME PARTIE

BRANCHES DU PERCHE ISSUES DE GUILLAUME Ier

I. — SEIGNEURS DU BUAT

PUIS DE GARNETOT ET DE RÉVILLE-EN-AUGE

GUILLAUME Ier du Buat n'est connu que par la charte de Trappe de 1215, il y est indiqué 3e fils d'Hugues Ier. (page 10).

Dans une autre charte de cette abbaye en 1250 nous voyons qu'il était mort à cette époque et laissait deux fils.

1. GUILLAUME II qui suit :

2. Et GEFFROY ou GEOFFROY du Buat qui était représenté en 1466 par ROBERT II comme on le verra plus loin.

IV.

GUILLAUME II du Buat, chevalier, fait don, avec son frère à l'abbaye de la Trappe, d'une rente de 12 sols sur les hoirs de Jean Folliot l'an 1250.

C'est cette charte que ratifia en 1466 ROBERT II leur héritier.

GUILLAUME II épousa demoiselle FEINGS (Fabinna) d'une ancienne maison du Perche (1) elle figure avec lui à une charte de la Trappe de cette même année 1250.

Il figure seul à une charte du même monastère 6 avril 1252 et fait donation des redevances qui lui faisaient les hoirs de COLIN du Buat sur le moulin de Couthier.

V.

COLIN ou NICOLAS du Buat, regardé comme fils du précédent, est indiqué dans un amortissement de Charles de Valois en décembre 1296 comme ayant fait don à la Trappe de ses droits sur le moulin de Couthier.

Il figure à deux chartes de cette abbaye de 1290 et août 1294.

Il était mort en 1296, comme l'indique la charte de 1303 ci-après.

VI.

Noble homme Mgr THOMAS Ier du Buat chevalier était mort en 1303.

---

(1) En 1186 Gilbert de Feings faisait don à la Trappe du droit de dime de Tourouvre Fret III, 362.)

Il eut deux fils.

1. THOMAS II qui suit :

2. Et COLIN Ier du Buat, écuyer, qui figure à la charte de la Trappe du mois de mai, mardi devant l'Ascension 1303 contenant donation de l'Etang feu Robin, paroisse de Prépotin.

Il avait épousé LUCE de Réveillon dite de Raderois veuve en 1348 et faisant par charte de cette année donation à la Trappe de 10 sols de rente sur une métairie à Dancé.

COLIN II du Buat dit le Cler, leur fils, était mort en 1378 comme l'indique un acte du 20 octobre de cette année passé devant Emery Le Court garde du scel de la châtellenie de Mortagne.

VII.

THOMAS II du Buat figure avec COLIN Ier son frère à la charte de 1305.

On voit dans une lettre conservée aux chartrier de la Trappe avant 1789 en date du mercredi avant la fête Saint-Pierre en août l'an 1310 « qu'il était tenu envers Mgr Charles comte « d'Alençon pour une grande somme d'argent pour raison de « vente des forêts du Perche. »

VIII.

JEAN Ier du Buat, écuyer, figure avec JEANNE, sa femme à une charte de l'abbaye de la Trappe, l'an 1336, portant fondation d'un anniversaire de 6 sols de rente.

IX.

JEAN II du Buat, écuyer, n'est connu que par un rôle militaire du 1er janvier 1351, autrefois conservé aux archives du Prieuré de Saint-Martin-des-Champs à Paris.

Il est regardé comme des suivants :

1. ROBERT I⁰ʳ du Buat qui suit :

2. GEOFFROY ou GEFFROY du Buat qui figure à une charte de la Trappe en 1371.

3. Et JEAN du Buat, homme d'armes de la compagnie de Guimaut de Boisac, qui fut chargé d'aller commander en Anjou.

Il épousa COLETTE de Saint-Aignan et d'eux sont descendus les seigneurs de la SUBRARDIÈRE. (1)

X.

ROBERT I⁰ʳ du Buat, écuyer, seigneur du Buat, est connu par la confrontation d'une pièce de terre.

Il était mort en 1399 et avait épousé COLETTE des Prés (de Pratis) dame de Montcollin, d'une maison que l'abbaye de la Trappe compte parmi ses plus anciens bienfaiteurs.

1. PHILIPPOT du Buat qui suit :

2 et 3. JEAN du Buat, écuyer, seigneur de Bellegarde et GUILLAUME du Buat, écuyer, qui figurent à une charte de la Trappe l'an 1408 ; le second étair mort en 1409.

4. Et JEANNE du Buat, dame de Montcollin, mariée à Jacques Morin écuyer, issu d'une ancienne maison.

JACQUELINE Morin, leur fille, dame de Montcollin, mariée à Robert de Martigny, mourut sans hoirs et cette terre revient à GUILLAUMÉ III son cousin au cinquième degré.

---

(1) Cette branche s'est établie au Maine et en Anjou, elle est représentée par M. le comte Charles du Buat, qui n'a que des filles. Sa généalogie n'entre pas dans le plan de ce travail elle a été donnée entièrement par de Magny nobiliaire de Normandie I page 39 qui la fait remonter sans preuves à Charles du Buat qui serait l'aïeul de Jean. Elle se trouve aussi dans La Chesnaye des Bois.

XI.

Noble et puissant seigneur PHILIPPOT du Buat, écuyer, seigneur dudit lieu, vivait en 1405, 1410, 1413, ainsi que le constatent des ventes et aveux conservés naguère à la Trappe.

IOLANDE de Craon, sa femme est connue par un arrêt de Parlement de Paris l'an 1404. (1)

1. ROBERT II du Buat qui suit :

2. JEAN du Buat, écuyer, seigneur de Bellegarde.

3. Et GUILLAUME du Buat, écuyer, morts tous deux sans postérité.

XII.

ROBERT II ou ROBINET du Buat, écuyer, seigneur du Buat et de Bellegarde possédait en 1460 des terres près d'Avranches.

Par acte devant Lambert Liboust, garde du scel et tabellion en la châtellenie de Mortagne le 22 juin 1466, il confirma la charte de 1250 souscrite par GEOFFROY du Buat.

Le partage de sa succession eut lieu par acte devant les tabellions de Mortagne le 26 avril 1487.

Il avait épousé vers 1452. Catherine de Martigny.

1. MATHÉRY du Buat, écuyer, seigneur de Bellegarde dont il rendit hommage à la chartreuse du Val-Dieu devant Denis Le Court sénéchal de Soligny le dernier février 1479.

Il mourut sans postérité en 1486.

2. JEAN du Buat, écuyer, seigneur de Bellegarde après son frère, de Champeaux et Prépotin, mort en 1516, marié à JEANNE Deperiers (2) ou Des Perriers.

---

(1) Cet arrêt est rapporté par le P. Anselme qui ne parle pas de cette alliance, Iolande de Craon était fille de Maurice VII sire de Craon et de Marguerite de Mello (t. VIII, 570).

(2) Fille de Jean écuyer, seigneur des Perriers et de Thomine de la Fontaine. Est nommée avec son mari dans un acte de vente devant les tabellions de Mortagne 1er mai 1487.

a CLERIADUS du Buat, écuyer, seigneur de Bellegarde, marié à MARGUERITE Le Duc et mort sans postérité avant 1533.

Il rendit en 1510, aveu au Val-Dieu, et vendit par acte devant Chalière, tabellion à Mortagne 7 juin 1516 à Mᵉ Jean Le Magnen prêtre, la terre du Petit Buat en Prépotin.

b MARIE du Buat, mariée 22 septembre 1517 à Robert de Papillon, écuyer, seigneur de Saint-Jean.

3. GUILLAUME III du Buat qui suit :

4. Et MARGUERITE du Buat, mariée en 1493 à Guillaume de Lorière ou Laurière, écuyer, dont elle était veuve en 1534. (1)

XIII.

GUILLAUME III du Buat, écuyer, seigneur du Buat et de Prépotin puis de Montcollin par reversion de la dot de Jacqueline Morin sa cousine, fit avec ses fils la preuve de leur noblesse devant les élus d'Alençon au moyen des chartes de l'abbaye de la Trappe et autres titres énoncés plus haut.

Marié à MADELEINE du Chesnay.

Le partage de leurs successions se fit par acte devant Broussel tabellion de Mortagne, le 17 mars 1534.

1. JEAN du Buat (l'aîné) prêtre qui céda ses droits à JEAN son frère par acte devant Gallet, sénéchal à Villedieu le 19 mars 1534.

2. JEAN III du Buat (le jeune) qui suit :

3. JACQUES Iᵉʳ du Buat, seigneur de Montcollin et de la Vallée, auteur des seigneurs de BAZOCHES et de TRÉHÉRU rapportés ₴ III et IV.

---

(1) Dans un aveu rendu à Mathéry du Buat, le 20 mai 1483, il est parlé d'un Jean du Buat fils d'un des bâtards du Buat qui avait des terres à Champs et Prépotin.

4) FRANÇOIS I.er du Buat, auteur des seigneurs de la MENARDERIE rapportés § V et VI.

5. CATHERINE du Buat, mariée à Jean le Sec, écuyer, veuve en 1534 et morte sans postérité lors d'un acte devant les tabellions de Mortagne, 8 janvier 1569.

6. JEANNE du Buat, mariée à André de Brénard ou Bresnard, écuyer, dont une fille MARIE qui épousa Eustache Quillet, écuyer, seigneur de Cheffreville.

7. Et MARGUERITE du Buat.

XIV.

JEAN III du Buat (le jeune), écuyer, seigneur du Buat, qualifié sieur de Garnetot dans le partage ci-dessus vanté.

Marié en 1534 à BARBE Merry (ou Emery) dame de Garnetot-en-Auge, fille d'Olivier, écuyer, seigneur de Lescaude. (1)

1. MARQUIS du Buat qui suit :

2. NICOLAS du Buat, écuyer.

3. FRANÇOISE du Buat, était mariée en 1583 à Louis Le Las ou Le Lasseur écuyer.

4. MARGUERITE du Buat était mariée en 1471 à Thibault Chauvel, écuyer, seigneur de Vaux Henry, paroisse de Tortizambert-en-Auge, terre qui passa ensuite dans la famille du Buat; PIERRE 2e fils de Gilles I.er en était seigneur en 1667.

(1) Nous trouvons cette famille dans le nobiliaire manuscrit de la maintenue de 1667. Vicomté d'Auge déjà cité (page 14) un Olivier y est indiqué comme gouverneur de Pont-Audemer et époux de Marie Labbé. Elle portait pour armes : de sable au croissant d'or accompagné de 5 molettes ou étoiles de même, 2. 2 et 1.
Roger de Merry demeurant à Lescaude (aujourd'hui Lecaude), près Lisieux, fut maintenu par Montfaut en 1463, nous pensons que c'est aussi Lescaude qu'il faut lire plus haut et non pas Lescande comme l'indiquent les notes de Jean II; une autre branche possédait la terre de Villers-sur-Mer.

5. Et une autre fille dont on ignore l'alliance et le prénom.

XV

MARQUIS du Buat, écuyer, seigneur du Buat et de Garnetot, est le dernier de la Branche du Perche qui ait porté ce titre de seigneur du Buat, on a vu en effet (page 10) qu'en 1565 cette terre avait été vendue à MM. Abot.

Il mourut en 1565.

Marié suivant contrat devant Le Moine et Le Turc, tabellions à Trun, le 24 avril 1558 à ANNE de Ruppière, fille de Jean, baron de Ruppière.

1. JOSIAS du Buat, qui suit :

2. GILLES Ier du Buat, seigneur de Saint-Denis, auteur des seigneurs de SAINT-DENIS rapportés § II.

3. JACQUES du Buat, écuyer, seigneur de la Sansonnière, mort sans enfants de CHARLOTTE de Barville et témoin d'un acte du 22 décembre 1619.

4. PIERRE du Buat, écuyer, seigneur de la Houssaye, mort sans alliance.

5. Et ESTHER du Buat, non mariée.

XVI

JOSIAS du Buat, écuyer, seigneur de Garnetot.

Marié en 1587 à FRANÇOISE Le Conte, fille de Jean, baron de Nonant et de Marie Le Quesne.

1. FRANÇOIS du Buat qui suit :

2. GILLES Ier du Buat, écuyer, seigneur de Claire-Fontaine.

Marié en 1627 à ANNE des Champs, fille de Louis, écuyer et d'Anne de Grieu. (1)

a FÉLIX du Buat, dit le sieur de Guénebaud, écuyer, seigneur de Bois le Conte, tué à Candie en 1668.

Marié, 13 septembre 1661, à MARIE Corneille, fille du Grand Corneille et de Marie de Lampérière. (2)

a* GILLES II du Buat, seigneur de Bois le Conte, religieux théatin (le Père Bois le Conte), nommé Benoit dans l'acte de décès de Pierre Corneille, sieur d'Anville, son oncle, dressé à Saint-Roch de Paris, le 11 janvier 1698, où il figure comme témoin.

b* PIERRE du Buat, écuyer, mort sans alliance.

b PIERRE du Buat, écuyer, seigneur de Bois-Tigny (alias Bois Ligny), marié à MARIE L'Edier.

CHARLOTTE du Buat, dame du Bois Tigny, se maria vers 1711 à Philippe du Moulin, écuyer, seigneur du Bois de Commeaux, trésorier de France en la généralité de Caen, et eut postérité en 5 enfants. (3)

c d e f FRANÇOISE, MARIE, BONNE et CHAR-LOTTE du Buat.

3. FRANÇOISE du Buat, mariée à Louis de Lassé.

---

(1) La famille de Grieu est originaire du Pays d'Auge, où elle possédait la terre de Grandouet, dès 1400; une de ses branches s'est éteinte dans la maison Estièvre de Trémauville ; Louis-Charles de Grieu. prieur de Saint-Himer, de la branche de Montval, fut député aux États Généraux en 1789 ; la branche d'Estimauville est encore représentée : armes : d'argent à 3 grues de sable, leurs vigilances d'or ; alias de sable à 3 grues d'argent.

(2) Marie Corneille prit une seconde alliance avec Jacques-Adrien de Farcy, écuyer, dont une fille Françoise, née 1683, mariée en 1701 à Adrien de Corday, écuyer; leur fils, du même nom fut le grand père de Charlotte Corday (Taschereau, hist. de la vie et des ouvrages de P. Corneille et généalogie Corneille par Ballin).

(3) Sévigni par M. des Diguères, page 145.

4. MADELEINE du Buat, mariée à Tanneguy le Conte, écuyer.

5. BONNE du Buat, mariée à Louis Bertin, écuyer, seigneur de Vaudeloges.

6. CATHERINE du Buat dont l'alliance n'est pas connue.

7. et 8. BARBE et MARGUERITE du Buat, religieuses.

XVII

FRANÇOIS du Buat, écuyer, seigneur de Garnetot.

Marié, 18 février 1605, à JACQUELINE de Moray, ou Maurey, dame de Réville-en-Auge, fille de Jacques, écuyer, seigneur de Saint-Jean et de Marguerite de Villars.

1. JACQUES du Buat, qui suit :

2. LOUIS du Buat, écuyer, seigneur de Saint-Jean, tué à Leuze 1691.

FRANÇOIS du Buat, écuyer, seigneur de Saint-Jean, mort sans alliance.

3 et 4. Deux filles religieuses.

XVIII

JACQUES du Buat, écuyer, seigneur de Garnetot et Réville-en-Auge.

Marié, 30 août 1637, à FRANÇOISE de la Haye, fille de Louis, écuyer, seigneur de la Pipardière et de Catherine de Tournebu.

1. POMPONNE Ier du Buat, qui suit :

2. JACQUES du Buat, écuyer, mort sans alliance.

3. MARIE du Buat, dont l'alliance est ignorée.

4. et 5. Deux filles religieuses.

XIX

POMPONNE Ier du Buat, chevalier, seigneur de Garnetot et Réville, maintenu en 1667.

Marié, 3 février 1657, à MARIE Le Prevost, fille de Jean, écuyer, seigneur du Fay et de Madeleine de Bucaille.

1. JEAN-BAPTISTE-POMPONNE II, qui suit :

2. CHRISTOIT du Buat, écuyer, capitaine au régiment de Chamilly, mort sans alliance.

3. FELIX Ier du Buat, écuyer, seigneur de Garnetot, qui figure en 1700 à l'armorial de d'Hozier.

Marié à ANNE de Cherville.

EUSTACHE-FÉLIX II du Buat, écuyer, seigneur de Garnetot et du Merle, né en 1718, lieutenant-colonel d'artillerie, mort à Verneuil sans alliance en 1810.

4. GENEVIÈVE du Buat, mariée à Jean-Gervais de Villereau, écuyer, seigneur de Bauches.

5. MADELEINE du Buat, mariée le 11 novembre 1682 à Paul Mallard, écuyer, seigneur de Sainte-Colombe.

6. ANNE-DOROTHÉE du Buat, mariée 29 novembre 1683 à Gaspard-Erard Le Gris, marquis de Montreuil et d'Echauffour (sa postérité est entrée dans les maisons de Rohan et de Cossé Brissac).

7. MARIE du Buat, mariée à René de Glapion, écuyer,

8. ANNE du Buat, mariée 23 novembre 1694 à Charles Le Cerf, écuyer, seigneur de Boulogne.

9. Et ELISABETH du Buat, religieuse à Bayeux.

XX

JEAN-BAPTISTE-POMPONNE II du Buat, écuyer, seigneur de Reville.

Marié 23 décembre 1678 à MARIE-URSULE-ERARD Le Gris.

1. LOUIS-HENRI-POMPONNE III du Buat, écuyer, seigneur de Réville, fut assassiné dans son château de Réville par une bande de voleurs le 27 février 1749.

Marié à BARBE des Douys, dont il ne laissait pas d'enfants.

2. MARIE-URSULE-VICTOIRE du Buat, mariée le 13 septembre 1723 à Corneille Le Forestier, écuyer, seigneur du Saptel.

3. ANNE-DOROTHÉE du Buat, mariée à

1° 7 janvier 1723, Jean-Alexandre Roussel.

2° 2 avril 1732, Jacques Hébert, seigneur de la Héberdière.

Sa postérité du 1er lit existe dans les familles des Saudrais et du Temple de Rougemont.

4. SUZANNE-DIANE du Buat, mariée au marquis de Dammeville.

5. et 6. SIMON-CESAR et HENRI-CHARLES du Buat, écuyers, morts jeunes.

7. 8. et 9. REINE-BONNE du Buat, MARIE-THÉRÈSE du Buat, et LOUISE-ANGELIQUE du Buat. (1)

---

(1) Depuis le XIV degré la généalogie de cette Branche est tirée de notes de M. le comte d'Erard communiquées à M. Bordeaux.

II. SEIGNEURS DE SAINT-DENIS,

COMTES DU BUAT,

ISSUS DE LA BRANCHE DE RÉVILLE (1)

XVI

GILLES Ier du Buat, écuyer, 2me fils de MARQUIS du Buat et d'ANNE de Ruppière (voir page 41).

Marié 18 juillet 1620 à MARGUERITE de Soucayres (alias Soutières), dame de Flacourt (paroisse de Nantilly, près Dreux) qui mourut veuve le 13 avril 1657, elle était fille de Gilles, écuyer.

1. GILLES II du Buat, écuyer, seigneur de Flacourt, maintenu en 1667.

Marié 1er septembre 1659 à MARIE-MADELEINE de Poitevin.

FRANÇOIS du Buat, écuyer, seigneur de Flacourt, marié sans enfants.

2. PIERRE Ier du Buat, qui suit :

XVII

PIERRE Ier du Buat, écuyer, seigneur de Saint-Denis et de Vaux-Henry paroisse de Tortizambert, maintenu en 1667.

Marié à JEANNE Philippe (fille de Louis, écuyer, seigneur de la Chesnaye et de Jeanne Brochard) par contrat devant Bertheaume et Regnauld, notaires à Argentan, 10 décembre 1659.

1. ANTOINE du Buat, écuyer, vivant en 1688.

2. LOUIS Ier FRANÇOIS du Buat, qui suit :

---

(1) La généalogie de cette branche a été particulièrement soignée par M. de Saint-Venant ; depuis le XVIIIe degré elle est dressée sur les registres de l'état civil.

XVIII.

LOUIS Ier FRANÇOIS du Buat, écuyer, seigneur de Saint-Denis, sénéchal de Vimoutiers, mort en 1711.

Marié 19 mai 1701 à MARIE-ANNE de Gaultier, fille de Luc, écuyer, seigneur et patron de Saint-Bazile-en-Auge et de Marie de Saint-Laurent.

1. LOUIS II JEAN du Buat qui suit :

2. LOUIS-JOSEPH du Buat, écuyer, seigneur d'Ambenay et du Val, paroisse de Neaufles-sur-Risle, né à Saint-Bazile le 11 mars 1708, mort à Ambenay après 1766. (1)

Marié à Gueprey, 3 septembre 1729 à MARIE-ELISABETH Bourienne, née à Merry 10 mai 1700, fille de Martin et d'Elisabeth-Marguerite Le Damoisel.

a b LOUIS-GILLES du Buat et LOUIS-JACQUES du Buat, écuyers, morts jeunes.

c JACQUES-LAURENT du Buat, chevalier, seigneur du Val, ingénieur en chef à Saint-Malo, né à Trun, 10 août 1842, mort à Verneuil 4 mars 1819, sans alliance.

3. LOUIS du Buat, écuyer, mort jeune.

4. Dom JACQUES du Buat, Prieur de Bénédictins, en 1778.

5. Et MARIE-ANNE du Buat, mariée à Charles Durand de Valence écuyer, (marraine de PIERRE-LOUIS-GEORGES du Buat).

---

(1) Il est qualifié seigneur de Saint-Denis dans le contrat d'acquisition de la terre d'Ambenay de Louis-Amboise Le Forestier de Sainte-Opportune, écuyer, demeurant audit lieu, passé devant Me Lebœuf tabellion à Rugles 21 août 1766 ; nous ne croyons pas que cette terre de Saint-Denis soit Saint-Denis d'Augerons.

Louis-Charles Durand de Valence, écuyer, recueillit la succession de Jacques-Laurent son cousin et mourut lui-même sans postérité à Tortizambert le 10 juillet 1821, laissant pour héritiers les enfants alors existants de Pierre-Louis-Georges du Buat.

XIX.

LOUIS II JEAN du Buat, écuyer, seigneur de Saint-Denis, né 3 janvier 1704, mort après 1740.

Marié à Tortizambert 28 mars 1726 à MARIE-CATHERINE-HÉLÈNE Chauvel de Buttenval, fille de Jean, écuyer, seigneur de Buttenval et de Marie-Renée de Corday, sa première femme. (1)

1. LOUIS III GABRIEL, comte du Buat (2), chevalier de Malte, seigneur de Nançay en Berry, diplomate, écrivain, né au manoir de Buttenval le 2 mars 1732, mort le 18 octobre 1787 sans postérité.

Fut élevé dans les Pratiques Jansénistes avec ses deux frères après la mort de leur père, par l'abbé de Roquette, prieur de Saint-Hymer-en-Auge, alors exilé du diocèse de Lisieux.

Marié à 1° 1765 MARIE-THÉRÈSE, baronne de Crass, morte 1777 ; 2° 1786 LOUISE Le Cordier de Bigars de la Heuse.

2. PIERRE II LOUIS-GEORGES, comte du Buat qui suit :

3. LOUIS-PAUL du Buat, écuyer, seigneur de Flacourt, officier de marine, mort en 1751 sans postérité.

---

(1) Il était lui-même fils de François, écuyer, seigneur de Vaux-Henry et de Catherine Malherbe et les père et mère de ce dernier étaient sans doute Thibault et Marguerite du Buat, mariés en 1571 (voir page 40).

(2) Voir sur celui-ci, son frère et ses neveux, les notices de M. de Saint-Venant et aussi la brochure « l'abbé de Roquette et l'éducation des deux du Buat in-8°. »

4. MARIE-MADELEINE du Buat, mariée à Joseph Charcelay de la Custière, morte sans postérité en 1792.

5. Et ANNE du Buat, morte sans alliance en 1791.

XX.

PIERRE II LOUIS-GEORGES, comte du Buat, chevalier de Malte, célèbre ingénieur hydraulicien, né au manoir de Buttenval le 23 avril 1734, mort à Condé (Nord) 17 octobre 1809.

Marié en 1758 à MARGUERITE-JACQUELINE-JOSÈPHE Bosquet du Hameau morte en 1825.

1. LOUISE-CATHERINE-MARGUERITE-ELISABETH du Buat, (Mlle du Buat 1759-1810.

2. LOUISE - GABRIELLE - JEANNE - ELISABETH du Buat 1760-1802 mariée à François Benezech de Saint-Honoré dont un fils mort sans postérité.

3. LOUIS - JACQUES - GÉRARD - JOSEPH du Buat, écuyer, 1761-1763.

4. PÉTRONILLE-MÉLANIE-LOUISE du Buat (Mlle du Hameau) 1763-1810.

5. PIERRE III DÉSIRÉ, comte du Buat 1765-1834, sans alliance.

6. AGATHE-JACQUELINE-JOSÈPHE du Buat 1766-1800, mariée à Georges-Béat-Louis de Praroman, seigneur de Lulli.

7. LOUIS IV JOSEPH du Buat, 1767-1839.

Marié à demoiselle de Mendell.

    a HEDWIGE du Buat, morte à Paris en 1878 sans alliance.

    b PHILIPPINE du Buat, mariée en Suisse à M. de Rougemont.

8. LOUIS-JACQUES-JOSEPH du Buat, chevalier du Hameau 1769-1834 sans alliance.

9. ANNE-MÉLANIE-ANTOINETTE-PERPÉTUE du Buat (Mlle de Précourt) 1771-1819.

10. ANDRÉ-AUGUSTIN du Buat, écuyer 1775-1795, mort à Quiberon.

11. Et MARIE-FRANÇOIS-DE-SALES du Buat, chevalier de Sasseignies 1776-1835, mort sans alliance.

III. — SEIGNEURS DE BAZOCHES SUR HOËSNE [1]

XIV.

JACQUES Ier du Buat, écuyer, seigneur de Montcollin et de la Vallée, 3me fils de Guillaume III, seigneur du Buat et de Madeleine du Chesnay (voir page 33)

Marié en 1534 (ou 1541) à MARIE de la Tour, veuve de Jean, écuyer, seigneur de Migergon ou Mesnil-Gergon (paroisse de Sainte-Ceronne au Perche).

1. FRANÇOISE du Buat, qui suit :

2. Et MADELEINE du Buat, mariée à René de Marcouville, écuyer, seigneur des Hayes.

XV.

FRANÇOIS Ier du Buat, chevalier, seigneur et patron de Bazoches sur Hoësne, seigneur des Hayes, Médavy (2), puis de Bresnard, par acquêt de JEANNE du Buat sa tante, veuve d'André de Brenard ou Bresnard (acte devant les tabellions de Mortagne 18 janvier 1571), baron de Migergon (par transaction

---

(1) La généalogie de cette branche a été spécialement dressée par M. Raymond Bordeaux de savante mémoire en un placard in 8° 1861, en vue d'une rectification d'actes d'Etat civil, mais cette généalogie faite cependant sur les actes de l'Etat civil de Bazoches, contient des erreurs considérables de filiation aussi ne l'indiquons nous que comme renseignement.

(2) Paroisse de Trémont, bailliage d'Alençon.

devant les notaires du Châtelet de Paris le 23 février 1542 ; après le décès de Pierre, Robert et Mathurin ses frères utérins), gentilhomme de la Chambre d'Henri IV était mort en 1672. (1)

Marié à LUCRÈCE d'Aubray, dame et baronnesse de Laigle, (fille de Jean 25ᵉ baron de Laigle et du Lac, et de Jeanne de Godefroid) suivant contrat devant les notaires de Laigle 6 janvier 1589.

1. NICOLAS Iᵉʳ du Buat, qui suit :

2. Et CHARLOTTE du Buat, née 1591, mariée par contrat devant les notaires de Mortagne 19 mai 1614, à Abraham du Mesnil, écuyer (fils de Lion, écuyer, seigneur du Parc et de Suzanne de Bonvoux), morte sans postérité.

XVI

NICOLAS Iᵉʳ du Buat, né 1588, chevalier de l'Ordre du roi, seigneur et patron de Bazoches, baron du Buat, de Migergon et du Lac, gentilhomme de la Chambre de Louis XIII, titré *baron du Buat* dans son contrat de mariage avec

RENÉE de Grongneaux ou Grongniault, (fille de René, écuyer, seigneur de Boissé et de la Rozière, et de Marie de Rohard dame de Tréhéru), passé devant les tabellions de Mortagne 25 octobre 1604. (2)

1. NICOLAS II du Buat, qui suit :

2. FRANÇOIS du Buat, écuyer, seigneur de Bazoches.

3. JACQUES du Buat, prêtre, curé de Bazoches, seigneur de Migergon.

4., 5. RENÉ du Buat et LOUISE du Buat.

---

(1) Transigea en 1471 devant les tabellions de Mortagne avec Marie de Bresnard, héritière de Marin, Michel et Gratienne de Bresnard.

(2) A ce contrat figure, entr'autres parents, Charles Le Court, écuyer, seigneur de la Planche, cousin paternel et curateur de l'époux ; nous ignorons s'il était de la famille de Denis et d'Emery Le Court, nommés dans les anciens titres (pages 20 et 26) Vincent Le Court, seigneur de la Cousture, enquêteur à Pont-l'Evêque, fut anobli en 1643, ainsi que Robert, seigneur de Querrière. Armes : d'hermine à 3 quintefeuilles de gueules alias de pourpre.

XVII

NICOLAS II du Buat, né 1612, mort 1673, chevalier, baron de Migergon, seigneur et patron de Bazoches, partage avec ses frères et sœurs les successions de leurs père et mère devant les tabellions de Mortagne 21 août 1631.

Marié suivant contrat du 21 juin 1637 à GENEVIÈVE Le Normand, fille de Sylvestre, écuyer, conseiller du roi et d'Adrienne Lhermitte.

1. NICOLAS III du Buat, qui suit:

2. JACQUES du Buat, écuyer, seigneur de Tréhéru, auteur des seigneurs de TRÉHÉRU rapportés au § IV.

3. Et PIERRE Ier du Buat, chevalier, seigneur du Bas-Bresnard, vivant en 1673.

Marié à MARIE Gay.

a MARIE du Buat, dame de Bas-Bresnard, mariée 1707 à Jacques-René de Launey, écuyer.

GEORGES de Launey, écuyer, seigneur de Bas-Bresnard, marié à Mlle de Chabot.

b GENEVIÈVE du Buat, religieuse.

c d MADELEINE du Buat, et CHARLOTTE du Buat, sans alliance.

e Et PIERRE II du Buat, écuyer, baptisé à Bazoches, 25 octobre 1687.

XVIII

NICOLAS III du Buat. chevalier, seigneur et patron de Bazoches, mort le 7 juillet 1710,

Marié par contrat devant les tabellions de Mortagne le 7 novembre 1682 à BARBE Moulin, fille de Jean, écuyer, seigneur du Plessys et de Barbe Chrétien.

1. JACQUES II du Buat, qui suit :

2. NICOLAS IV du Buat, né à Bazoches le 1ᵉʳ juin 1686, chevalier, seigneur de Bazoches, 10 juin 1712.

Marié à ELISABETH de Latteignant (1), sœur du poéte-abbé de ce nom.

> a ANNE-NICOLAS-PIERRE du Buat, écuyer, baptisé à Bazoches 25 mars 1725, sans alliance.
>
> b ELISABETH du Buat, baptisée 5 octobre 1727, mariée au seigneur de Gasprée.
>
> c MARIE-MADELEINE du Buat, baptisée 9 janvier 1729, mariée à Louis-Antoine de Saint-Aignan, écuyer. (2)
>
> > Dont une fille mariée à Charles-Alexandre Sanson de Launey, écuyer, fils de Georges, seigneur de Bas-Bresnard (voir page 52).

XIX

JACQUES II du Buat, né 1687, mort 1727, chevalier, seigneur et patron de Bazoches, seigneur de la Guerche.

Marié par contrat du 5 mars 1711, déposé au notariat de Séez, à GILLONNE-MADELEINE Mallard, fille de Jacques, écuyer, seigneur du Jardin, la Varende et les Authieux-Papion et de Catherine Bouchard.

Elle était tutrice de ses enfants le 30 décembre 1727.

> 1. JACQUELINE-MADELEINE du Buat, née 1712, mariée à Laurent de La Haye, écuyer, seigneur de la Barre, dont postérité, qui hérita des biens de cette branche.

---

(1) Cette famille porte d'azur à trois coqs d'or 2 et 1 (Voir encyclopédie planches). Elle est encore représentée en Normandie : un de ses membres a épousé vers 1835, Mademoiselle Bessières de la Jonquière (Cabinet de Mᵉ Le Court.)

(2) Fils de Pierre, écuyer, seigneur et patron d'Auguaise et de Marguerite de Bailleul; la famille de Saint-Aignan porte d'argent à trois feuilles de vigne de sinople 2 et 1 (Généalogie Mˢˢ Cabinet de Mᵉ Le Court.)

2. JACQUES III du Buat, né 10 avril 1713, mort en 1785, chevalier, seigneur des Hayes, Médavy etc., reçu page du roi le 10 septembre 1731.

Marié suivant contrat devant Réart, notaire au Mans, le 29 mai 1744 à :

MARIE-RENÉE-GENEVIÈVE des Chapelles, fille de René-François, seigneur de Soustigné et de Louise-Renée-Geneviève Bouchard.

> a EUSTACHE-RENÉ, marquis du Buat, seigneur des Chapelles, né 3 novembre 1746, mort sans alliance, laissant une fille naturelle non reconnue.

> b CHARLES-MARIE du Buat, écuyer, mort jeune.

> c Et RENÉE-LOUISE-GENEVIÈVE du Buat, morte en 1787, sans alliance.

3. MARIE du Buat, née 1717.

IV. SEIGNEURS DE TRÉHÉRU

ISSUS DES SEIGNEURS DE BAZOCHES

(BRANCHE SUBSISTANTE)

XVIII.

JACQUES du Buat (1), écuyer seigneur de Tréhéru, 2ᵉ fils de NICOLAS II du Buat, seigneur de Bazoches et de GENEVIÈVE Le Normand (voir page 52), était mort le 2 mars 1685.

---

(1) M. Bordeaux le fait mourir sans postérité et fait du suivant, sous le nom de Nicolas IV en le faisant naître en *1686*, le 2ᵉ fils de Nicolas III, ci-dessus et de Barbe Moulin. L'erreur est évidente et cependant M. Bordeaux marie aussi son Nicolas IV à Barbe de Gogué et les considère comme ayant eu de leur mariage en *1703*. Antoine Nicolas VI, qu'il appelle Nicolas V, et un fils aîné né en *1701*.

C'est à l'aide des notes et titres laissés par Jean II que M. de Saint-Venant a pu rectifier cette erreur.

Marié en 1666 à MARIE du Chesnay, fille de Charles, écuyer, seigneur des Marais.

Elle transigea sur la tutelle de ses enfants devant les tabellions de Mortagne le 2 mars 1685.

1. JACQUES ou NICOLAS V du Buat, qui suit :

2. Et GENEVIÈVE du Buat, mariée trois fois : 1° 1696 à Jacques de Hantier ; 2° au seigneur de Villereau, et 3° à N...

XIX.

JACQUES ou NICOLAS V du Buat, écuyer, seigneur de Tréhéru, né à Bazoches, 8 octobre 1672, mort 4 octobre 1730.

Marié à Saint-Martin-du-vieux-Verneuil à :

BARBE de Gogué, fille de Claude Robert, écuyer, seigneur de Moussonvilliers.

1. et 2. NICOLAS et NICOLAS du Buat, nés 18 août 1699 et 30 janvier 1701, morts en bas âge.

3. ANTOINE-NICOLAS VI du Buat, qui suit :

4. CLAUDE-ROBERT du Buat, né 14 novembre 1704, mort 1755, prêtre, curé de Saint-Germain-de-Lezéau.

5. JEAN-CHARLES du Buat, né 29 décembre 1705, mort 1745, prêtre, curé de Moussonvilliers.

6. MARC-ANTOINE-PIERRE-LOUIS du Buat, né à Rohaire le 29 mai 1708.

7. Et PIERRE-GEORGES du Buat, chevalier, né à Rohaire 18 mars 1710, marié 1738 à N.

d'où :

a PIERRE du Buat, chevalier, mort 1759, non marié.

b MARIE-ROSE du Buat, morte 1773, sans alliance.

c ANNE-MARIE du Buat.

XX.

ANTOINE-NICOLAS VI du Buat, écuyer, seigneur de Tréhéru, né à Moussonvilliers 31 mars 1703, marié à Rohaire le 16 août 1735 à :

MARIE-CATHERINE du Bosc.

XXI.

ANTOINE-NICOLAS VII du Buat, écuyer, seigneur de Tréhéru, né à Rohaire 26 avril 1736, mort 30 août 1782.

Marié 11 janvier 1773 à MARIE-FRANÇOISE de Gastel.

1. ROBERT III FRANÇOIS-FÉLIX du Buat, qui suit :

2. LOUIS-THÉODORE du Buat, écuyer.

Marié à :

1° Suivant contrat devant les notaires de Bellême le 2 fructidor an II à MADELEINE-JEANNE-VICTOIRE Suhard.

2° A ANTOINETTE-CÉLESTE-CLÉMENTINE de Feuquières.

LOUIS-THÉODORE du Buat, écuyer, mort en bas-âge à Dreux de 1807 à 1810

3. PIERRE-FRANÇOIS II du Buat, écuyer, né à Rohaire le 9 novembre 1766, marié à Courville le 18 brumaire an IV à :

HENRIETTE Pinguenet.

a HENRIETTE du Buat, née 1797, mariée à Armand des Guetz de la Pommeraye, écuyer, dont postérité.

b FRANCINE du Buat, née 1799, sans alliance.

c ZOÉ du Buat, née en 1800, mariée à M. Marguery, dont postérité.

d PIERRE-GERMAIN-FRANÇOIS III du Buat, écuyer, né 1812, marié 4 février 1839 à :

DÉSIRÉE-MARCELINE Bocquet.

    *a** LUCE-VALÈRE du Buat, née 1841, mariée 1870 à M. Perroudon, dont postérité.

    *b** HENRI du Buat, écuyer, né 1846, marié 1872 à Mlle Teyssier.

e HENRI Ier STANISLAS du Buat, écuyer, mort en 1843, marié 1842 à Foucarmont, à :

ELISE de Brossard d'Alban.

    HENRI II du Buat, écuyer, né 1843, mort sans alliance.

XXII.

ROBERT III FRANÇOIS-FÉLIX du Buat, écuyer, dernier seigneur féodal de Tréhéru, né 1775, mort en 1801, page de S. A. R. Mgr le duc de Penthièvre, puis chef de bataillon à l'armée Catholique et Royale.

Marié 13 thermidor an IV à :

VICTOIRE-LOUISE de Saint-Denis (1), morte 23 messidor an VIII, fille de Jean-Joseph, écuyer, seigneur de la Barre et de Victoire-Louise de la Boullaye (M. de Saint-Denis, fils d'autre Jean-Joseph et de Marie-Barbe Mohier).

---

(1) Elle devait être parente de son mari, car le 22 février 1652, Marguerite de Saint-Denis, avait épousé François de Gastel écuyer, seigneur de l'Etang (Généalogie de Saint-Denis m. ss. Cabinet de M^e Le Court.) La famille de Saint-Denis porte : d'azur alias de sinople, au chevron d'or accompagné de 3 molettes de même 2 et 1.

1. ACACE du Buat, qui suit :

2. CHARLES-ARMAND du Buat, écuyer, né à la Chapelle-Fortin, le 12 janvier 1800 (22 nivôse an VIII), mort à Verneuil le 20 septembre 1877.

Marié à Nonancourt, suivant contrat devant Beffara, notaire à Illiers-l'Evêque le 25 janvier 1826 à :

MARIE-CHARLOTTE-JOSÉPHINE Langer, sa cousine issue de germaine, née à Nonancourt en 1803, morte 30 octobre 1869, fille de Nicolas et de Marie-Louise de Gueffe de la Graverie. (1).

a CHARLES du Buat, écuyer, né à Nonancourt 25 décembre 1826, mort à Neauphles-le-Vieux, 20 octobre 1867.

Marié suivant contrat devant Baget, notaire à Neauphles-le-Château le 22 décembre 1856 à ANASTASIE Fauveau.

CHARLES du Buat, écuyer, né à Montfort-l'Amaury 1er novembre 1857.

b ARMANDE-JOSÉPHINE du Buat, née à Nonancourt 1831, mariée 1852 à Marie-Ladislas Chevallier, veuve 31 janvier 1871 (Postérité).

c HENRI-LOUIS du Buat, écuyer, né à Nonancourt 1833, marié à Maintenon 7 janvier 1863 à :

MARIE-MATHILDE Besnard, fille de Léon et d'Anne-Olimpiade Baret.

---

(1) Mme Langer était fille d'André-Charles de Gueffe, écuyer, seigneur de la Graverie, seigneur de Champtierry et de Louise-Barbe de Saint-Denis, fille de Jean-Joseph, écuyer, seigneur du Pavillon et de Marie-Barbe Mohier, et André-Charles de Gueffe était fils de Charles de Gueffe, seigneur de la Graverie et de Marie-Louise Le Cornu qui avait anobli son mari comme issue d'un frère de Jeanne d'Arc.

Jacques de Gueffe, seigneur des Gastines, frère aîné de Charles fut anobli sans finance par Louis XV en 1720, il n'eut qu'une fille qui épousa M. de Courteuvre : la famille de Gueffe portait pour armes : d'azur à 2 épées d'or, croisées en sautoir, accompagnées de 2 mains d'extrès de même mises en fasce (Cabinet de Me Le Court.)

XXIII.

ACACE du Buat, écuyer, né à Rohaire 31 mars 1797 (11 germinal an V), mort au château de Sauceux, commune de Louvilliers-les-Perche le 13 mars 1850, garde de la porte du roi en 1815, puis capitaine d'infanterie, démissionnaire en 1830.

Marié à Louvilliers 30 janvier 1827 à :

MARIE-HONORINE de Thieulin, née 2 décembre 1790, morte 1875.

XXIV.

JEAN-ADOLPHE du Buat, écuyer, né à Sauceux le 30 octobre 1827. *+ Marolles - 1913 -*

Marié à Hermival-les-Vaux en 1854 à :

AMÉLIE de Boctey. *+ Red? en 4i ? de la guerre —*

    1. GEORGES du Buat, ~~écuyer~~, né à Hermival 1855. *+ 1916 - s.a.*

    2. JACQUES du Buat, ~~écuyer~~, né à Hermival 1862. *s.a.* *+ Chef d'Esc.ie de Cav.ie*

V. SEIGNEURS DE LA MÉNARDERIE

BRANCHE AINÉE

XIV.

FRANÇOIS Ier du Buat, écuyer, 4e fils de GUILLAUME III, seigneur du Buat et de Madeleine du Chesnay (page 39).

Marié 1572 à CATHERINE Le Charpentier.

    1. PIERRE du Buat, écuyer, assiste au mariage de son frère.

    2. GILLES Ier du Buat, qui suit :

XV.

GILLES Ier du Buat, écuyer, né 1583, mort en 1643, fut bailli de Brimont et de Montlandon (près Brou-au Perche-Gouet) et habitait cette dernière localité.

Marié à JEANNE Salmon, d'une famille chartraine.

1. GILLES II, qui suit:

2. TOUSSAINT Ier du Buat, auteur de la BRANCHE CADETTE rapportée au § VI.

3. LUBIN du Buat, écuyer, qui était mort en 1647.

4. JULIENNE du Buat, mariée 6 août 1626 à Charles Bouillie, seigneur de la Couldraye.

5. Et LUCRÈCE du Buat, mariée à Montlandon: 1° 20 janvier 1620 à René Fonte; 2° 20 septembre 1634 à noble homme René Ferrand.

XVI.

GILLES II du Buat, écuyer, seigneur de la Ménarderie, né 1610, mort 1672, demeurant à la Bazoche-Gouet, marié à:

1° MARGUERITE Bardou, suivant contrat devant les tabellions de la Bazoche 24 avril 1536; elle mourut en 1668.

1. MARGUERITE du Buat, 1637-1639.

2. GILLES III du Buat, qui suit:

3. JACQUES du Buat, 1641-1669, prêtre, vicaire de Combres.

4. MARGUERITE du Buat (la jeune), 1643-1661, mariée à Jacques de Carny, écuyer, sans postérité).

5. RENÉE du Buat, 1646-1647.

6. LOUISE du Buat, 1646-1653.

7. RENÉ du Buat, écuyer, 1654-1690.

2° ANNE Miet ou Miée, née 1649, morte 1672, mariée à Saint-Martin-de-la-Croix-du-Perche, le 30 octobre 1669.

8. CATHERINE du Buat, née et morte 1670.

9. Et CHARLES du Buat, écuyer, né 1671.

XVII.

GILLES III du Buat, écuyer, né 1639, mort 1705, habitait Champrond-en-Gâtine; il épousa :

1° 12 février 1669, MATHURINE de Lesguet, née 1649, morte 1682;

1. FRANÇOISE du Buat, née 1669, morte 1710, mariée 30 juillet 1691 à François des Touches, seigneur de Frazé, tabellion à Apponvilliers, dont postérité.

2. JACQUES du Buat, écuyer, 1671-1675.

3. MARGURITE du Buat, 1672-1692, sans alliance.

4. MARIE-MADELEINE du Buat, née et morte 1676.

5. GABRIELLE du Buat, née et morte 1677.

2° Suivant contrat devant les tabellions de Bullou, 23 juillet 1683, à MARIE Aubry, née 1653, morte 1686.

6. GILLES du Buat, écuyer, né 1685, mort 1699.

Et 3° à Illiers-en-Beauce 26 août 1692, MARIE Boullay (ou Boulay), veuve de Mathurin Lorie.

7. MARIE du Buat, née et morte 1693.

8. GILLES-LOUIS du Buat, né et mort 1694.

9. JEAN Ier du Buat, qui suit :

10. Et CHARLES du Buat, écuyer, né 1698, mort 1749, habitant Nogent-le-Rotrou, puis Blois.

Marié à Nogent à RENÉE Franchet, 15 octobre 1728.

a JEANNE-MARIE du Buat, née 1730, morte à Paris en 1790, sans alliance.

b c Et CHARLES et CHARLES du Buat, nés et morts, 1731 et 1732.

XVIII.

JEAN Ier du Buat, écuyer, né 1695, mort 1751, s'établit à Saint-Malo en 1713

Marié à Rennes le 17 mai 1736 à MATHURINE-JULIENNE Courgeon, née 1704, morte 1743, fille de Pierre, seigneur de la Barre et de Mathurine Rouxel.

1. DIDIER-JEAN du Buat, écuyer, né et mort 1737.

2. JEANNE-JULIENNE du Buat, née 1738, morte en bas-âge.

3. JEAN-FRANÇOIS du Buat, écuyer, né et mort 1739.

4. CHARLES-AIMÉ-JULIEN du Buat, écuyer, 1740-1742.

5. Et JEAN II GEORGES du Buat, qui suit :

XIX.

JEAN II GEORGES du Buat, écuyer, né 1742, mort 1809, armateur à Saint-Malo, auteur des copies de titres et des précieuses notes sur toutes les branches de sa maison, en deux volumes, conservés par Mme la comtesse du Buat, sa belle-fille.

Marié à Saint-Malo 4 juin 1765 à :

THÉRÈSE-THOMASSE Vincent, morte en 1812, fille de Georges et de Marie-Anne de Rocq.

1. JEAN-GEORGES du Buat, écuyer, 1766-1767.

2. THÉRÈSE-GENEVIÈVE du Buat, 1767-1792.

3. GEORGES-MARIE du Buat, écuyer, 1769-1771.

4. JEAN-BAPTISTE-GEORGES du Buat, écuyer, 1770-1778.

5. GUILLAUME-BERTRAND du Buat, écuyer, né 1771, mort 1813, sans enfants, marié 26 avril 1800 à :

LOUISE-ANTOINETTE Bossinot de Pomphilly, née 1711, morte 1801.

6. EUSTACHE-RENÉ du Buat, écuyer, 1773-1779 (filleul d'Eustache-René, marquis du Buat).

7. THÉRÈSE-ANNE du Buat, 1774-1779.

8. HÉLÈNE-CHARLOTTE-MACLOVIE du Buat, 1776-1777.

9. JEAN III GEORGES-MARIE, comte du Buat, né 1779, mort 1845 (créé comte par Charles X) sans postérité.

Marié 4 avril 1829 à :

JEANNE-MARGUERITE-FRANÇOISE de Laveau.

10. HENRIETTE-MARIE-PAULINE du Buat, née 1781, morte 1827, sans alliance.

11. EUSTACHE-JACQUES-RENÉ du Buat, écuyer, 1784-1788 (filleul de JACQUES du Buat, seigneur des Hayes et de sa fille).

12. PAULINE-JEANNE-MARIE du Buat, née 1787, mariée à Saint-Malo 4 juin 1819 à M. Corson.

13. Et EUGÉNIE-MARIE-ANNE-HENRIETTE du Buat, née 1789 (filleulle de JACQUES-HENRI du Buat, seigneur de Fourcé), mariée 6 juin 1820 à M. Pillas de Kerdelleau.

VI. — SEIGNEURS DE LA MÉNARDERIE

BRANCHE CADETTE

XVI

TOUSSAINT Ier du Buat, écuyer, 2e fils de GILLES Ier du Buat et de JEANNE Salmon (page 60), né 1612, mort en 1669, habitait Combres.

Marié à MARIE de Briand.

1. CLAUDINE du Buat, mariée à :

1° 18 juillet 1664 à Lubin Rousseau, dont : Lubin marié à Louise Besnard, dont postérité ;

2° 20 janvier 1667 Charles Houdée, dont : Charles, marié à Barbe Lesieur, dont postérité et Madeleine, mariée Simon Allais, dont postérité.

3. TOUSSAINT II du Buat, qui suit :

4. Et CLAUDE du Buat, écuyer, 1662-1670.

XVII.

TOUSSAINT II du Buat, écuyer, né en 1656.
Marié 13 février 1672 à ANDRÉE Esnault, née 1638.

1. TOUSSAINT III du Buat, écuyer, habitant Paris, marié 2 fois, la seconde en 1733, sans postérité.

2. FRANÇOIS II du Buat, qui suit :

3. ANDRÉ Ier du Buat, écuyer, né 1696.
Marié 24 septembre 1722 à JEANNE Le Roy.

a JEAN du Buat, écuyer, né 1725, marié 26 juillet 1746 à MARIE Mestrée.

b ANDRÉ II ETIENNE du Buat, écuyer, né 1728, marié 6 mai 1749 à JACQUELINE Manceau.

c CATHERINE-FRANÇOISE du Buat, née 1732.

d MARIE du Buat, née 1737.

e Et LOUIS du Buat, écuyer, né 1739, marié en 2e noces à DENISE Franchet.

XVIII.

FRANÇOIS II du Buat, écuyer, né 1679.
Marié à FRANÇOISE Ménager.

1. LOUIS du Buat, écuyer. né 1703, mort jeune.

2. FRANÇOIS III du Buat, qui suit :

3. JEANNE du Buat, née 1705, morte 1788, mariée à Nogent-le-Rotrou le 12 février 1737 à Julien Clerardin, 4 enfants (dont François Clerardin, officier, qui se fit reconnaître en 1802, comme parent de JEAN II).

4. NICOLAS du Buat, écuyer, né 1707.

Marié 12 septembre 1730 à JEANNE Huberson.

> a JEAN-FRANÇOIS du Buat, écuyer, né 1932, marié le 10 novembre 1750 à ANTOINETTE Mânière.

> b LOUIS-NICOLAS du Buat, écuyer, né 1742, marié le 10 février 1770 à MARIE-LOUISE Esnault.

XIX.

FRANÇOIS III du Buat, écuyer, né 1704, mort 1756.

Marié 12 février 1725 à ANNE Le Mercier.

1. FRANÇOIS IV du Buat, écuyer, né 1732, marié 12 février 1760 à MADELEINE Rousset.

2. JEAN-FRANÇOIS du Buat, écuyer, né 1735, marié 16 juillet 1764 à MARIE Hodebourg.

> MARIN du Buat, écuyer, officier dans la garde ; vivant en 1802.

3. FRANÇOIS du Buat (le jeune), écuyer, né 1742, marié 1er septembre 1772 à MADELEINE Deleau.

4. Et ANNE du Buat, née 1745 (1).

---

(1). La généalogie entière des deux branches de la Ménarderie est tirée des notes de Jean II; celle de la branche aînée a été dressée par lui sur titres et actes de l'Etat civil qu'il indique ; quant à celle de l'autre branche, il n'en indique pas la provenance et celle-ci avait dû lui être donnée par un parent vivant en même temps que lui; nous ignorons absolument l'état actuel de cette branche.

CINQUIÈME PARTIE

BRANCHE ÉTABLIE EN LORRAINE

DONT ON N'A PAS TROUVÉ LA JONCTION AVEC LES AUTRES (1).

I.

ETIENNE Ier du Buat, écuyer, seigneur de Jeandelaincourt, né le 20 janvier 1645, conseiller au parlement de Metz le 8 juillet 1690, chevalier du Mont-Carmel et de Saint-Lazare, mort à Metz 15 septembre 1732.

Marié à MADELEINE Andry.

    1. ETIENNE II du Buat, écuyer capitaine au régiment de Penthièvre.

    Marié 1741 à D^{lle} de Fustemberg de Muchi.

    2. CHARLES Ier FRANÇOIS-AUGUSTIN du Buat, qui suit :

II.

CHARLES Ier FRANÇOIS-AUGUSTIN du Buat, écuyer, seigneur de Coin, né à Metz le 16 février 1708, conseiller au parlement le 15 décembre 1732, mort le 19 mars 1768.

Marié 25 avril 1735 à :

MARIE-FRANÇOISE Willemin, fille de Charles, seigneur de Coin et de Madeleine de Turgis.

III.

CHARLES II du Buat, écuyer, né à Metz le 24 avril 1738.

Marié à N.

---

(1) Les degrés de filiation, partant seulement d'Etienne, premier auteur connu. Cette généalogie est tirée de l'histoire du Parlement de Metz par Michel et de notes communiquées par MM. de Marguerie qui ignorent si Etienne Ier appartenait à la branche du Maine ou de la Subrardière ou à quelqu'une de celles de Normandie.

1. FRANÇOIS du Buat, qui suit :

2. 3. et 4. 3 filles mariées, deux à MM. de Beyerlé et de la Cour, avec postérité.

IV.

FRANÇOIS du Buat, écuyer, chef de bataillon d'infanterie, mort vers 1819 à Saint-Epvre, en Lorraine.

Marié à ANTOINETTE-MAXIMILIENNE de Fabert.

> APPOLINE-FRANÇOISE du Buat, née à Saint-Epvre en 1799, morte à Dugny (Meuse), 30 mai 1878.

> Mariée en 1820 à Henri-Jean-Baptiste, marquis de Marguerie, veuve en 1840 (Postérité).

ERRATA

A la Page 29

Après MARIA du Buat

Ajoutez : mariée à Louis Maubert, dont postérité.

Et après CAMILLE du Buat

Ajoutez : mariée à Joseph Doignon, dont postérité.